# 声に出すフランス語
# 即答練習ドリル

初級編

Réponse immédiate 1 :
exercices faciles et pratiques

高岡優希
ジャン=ノエル・ポレ
富本ジャニナ

音声
ダウンロード

白水社

本書の音声は、白水社のウェブサイトで聞くことができます。

https://www.hakusuisha.co.jp/news/reponseimmediate1/

ユーザー名：hakusuisha

パスワード：8947

| 装幀 | 畑中 猛（ベーシック） | |
|---|---|---|
| イラスト | Jean LAMARE | Ludovic HELME |
| 音声ナレーション | Malvina LECOMTE | Fabien CHERBONNET |
| | Janina TOMIMOTO | Jean-Noël POLET |

# はじめに

　フランス語を学び始めた人たちから、「発音がうまくできない」「リズムがつかめない」「どうやってフランス語の音に慣れたらいいのかわからない」というお悩みを何度も耳にします。そんな方々にフランス語の第一歩（もしくは、やりなおしの第一歩）を、よりスムーズに踏み出していただくため、2015年に『声に出すフランス語 即答練習ドリル』を刊行いたしました。7年間でたくさんの方々にご活用いただき、「口と耳が鍛えられて、自然にフランス語が出てくるようになった」という感想をいただいています。

　このたび、内容を一新し、「初級編」とした全面改訂版をお届けいたします。

　最初に音ありきです。頭で覚えるのではなく、耳と口で覚えていきましょう。何度も声に出しているうち、音が身についてきます。そして苦手だと思っていた動詞の活用形も口をついて出るようになります。簡単な表現を何度もまねて、何度も声に出し、歌を覚えるように暗記して発音してください。そして、相手が言ったことにすぐに反応する癖をつけましょう。「お元気ですか？」と言われて考え込んでいては、何も始まりません。そうやってフランス語を声に出すことに慣れてゆくうち、気がつくとフランス語全体が見えるようになってきます。急がば回れ、小さなことからコツコツと、です。

　音声はダウンロード方式です。収録箇所を増やし、即答練習のためのポーズもしっかりとって、使い勝手をよくしました。活気あふれる4人のナレーターの音声を、いつでもどこでもたっぷりと聞くことができます。今まで聞き取りにくかったり発音しにくかった音やリエゾンの練習、文をうまく読むためのイントネーションの練習など、発音に特化した課も新たに設けました。

　本を見ないですらすらと答えが言えるようになったとき、皆さんのフランス語学習は飛躍的に進むことでしょう。フランス語がたっぷり入ったこのドリルで、たくさん練習してください！　À vous !

2022 年 8 月　著者一同

# この本の使いかた

　この本では、簡単で短い応答を声に出して繰り返して練習することで、フランス語の音に慣れていきます。最初から即答できなくても構いません。何度も繰り返して、本を見なくてもポーズの間に即答できるようがんばりましょう。

この課のキーフレーズです。即答練習はこのキーフレーズと、そこまでの課で学んだことだけを応用します。ゆっくり録音されていますから、何度も繰り返して覚えましょう。

音声の番号です。音声は白水社の HP からダウンロードできます。

キーフレーズを完全に覚えてから即答練習に入ります。最初に例を聞き、やり方を把握してください。そして À vous ! の合図で始めます。聞こえてくるフランス語は、比較的速く録音されています。速さにも慣れましょう。ポーズの間に答え、すぐあとの正解を確認してください。

フランス語の発音や音とつづり字の関係を少しずつ説明していきます。音声を注意深く聞いて繰り返しましょう。未習の単語には日本語の意味が添えてあります。

　フランス語の音に慣れ、声に出すことに主眼をおいていますので、それぞれの課ではほとんど文法の説明をしていません。文法は「文法のページ」を参照してください。では、さっそく始めましょう！　Bon courage !

# 目次

# フランス語はじめの一歩

まずアルファベを発音してみましょう。フランス語のアルファベは英語と同じ文字を使います。それぞれの文字の発音が英語のアルファベットとどう違うのか、注意しながら覚えましょう。 🎧001

| A | B | C | D | E | F | G |
|---|---|---|---|---|---|---|
| [a] | [be] | [se] | [de] | [ə] | [εf] | [ʒe] |
| H | I | J | K | L | M | N |
| [aʃ] | [i] | [ʒi] | [ka] | [εl] | [εm] | [εn] |
| O | P | Q | R | S | T | U |
| [o] | [pe] | [ky] | [εr] | [εs] | [te] | [y] |
| V | W | X | Y | Z | | |
| [ve] | [dubləve] | [iks] | [igrεk] | [zεd] | | |

★oとeを合わせたœ(「合字」と呼びます)も用いますが、これはアルファベの文字には含まれません。辞書ではoの後にeを探してください。

**1** 「ア」の音が含まれている文字を発音しましょう。 🎧002

A　H　K

**2** 音が「エ」で終る文字を発音しましょう。 🎧003

B　C　D　G　P　T　V　W

**3** 音が「エ」で始まる文字を発音しましょう。 🎧004

F　L　M　N　R　S

**4** 「イ」の音が含まれている文字を発音しましょう。 🎧005

I　J　X　Y

**5** 小さな「ュ」に近い音が含まれている文字を発音しましょう。 🎧006

U　　Q

**6** ローマ字の「アイウエオ」に相当する文字を発音しましょう。 🎧007

A　　I　　U　　E　　O

**7** 名前のスペルをアルファベで言いましょう。 🎧008

Je m'appelle Marie. 私はマリーといいます。

→ **Marie, M-A-R-I-E.** マリー , M, A, R, I, E です。

[À vous !] ではやってみましょう！

Je m'appelle Yves.

→ **Yves, Y-V-E-S.**

Je m'appelle Louis.

→ **Louis, L-O-U-I-S.**

Je m'appelle Charles.

→ **Charles, C-H-A-R-L-E-S.**

Je m'appelle Thomas.

→ **Thomas, T-H-O-M-A-S.**

**8** テキストを見ないでアルファベを聞きとってください。何を表す言葉でしょうか？

| | | | |
|---|---|---|---|
| **ADN** | デオキシリボ核酸（DNA） | Acide désoxyribonucléique | 🎧009 |
| **ONU** | 国際連合（UN） | Organisation des Nations unies | |
| **FMI** | 国際通貨基金（IMF） | Fonds monétaire international | |
| **OVNI** | 未確認飛行物体（UFO） | Objet volant non identifié | |
| **OTAN** | 北大西洋条約機構（NATO） | Organisation du traité de l'Atlantique nord | |
| **VTT** | マウンテンバイク | Vélo tout-terrain | |
| **TGV** | フランス新幹線 | Train à grande vitesse | |
| **SIDA** | エイズ | Syndrome d'immunodéficience acquise | |
| **JO** | オリンピック競技 | Jeux olympiques | |
| **UE** | ヨーロッパ連合（EU） | Union européenne | |
| **PNB** | GNP 国民総生産 | Produit national brut | |

11

# r の練習

## Bonjour !　Merci !　Au revoir !

音声をよく聞き、繰り返し声に出して覚えましょう　🎧010

| | | | |
|---|---|---|---|
| bonjour | こんにちは | me<u>r</u>ci | ありがとう |
| Au <u>r</u>evoir | さようなら | amou<u>r</u> | 恋、愛 |
| <u>r</u>efuser | 拒否する | <u>r</u>ega<u>r</u>d | まなざし |
| <u>r</u>adio | ラジオ | <u>r</u>adis | ラディッシュ |
| <u>r</u>ose | バラ | <u>r</u>oseau | 葦 |
| <u>r</u>isque | リスク | Pa<u>r</u>is | パリ |
| <u>r</u>estau<u>r</u>ant | レストラン | <u>r</u>êve | 夢 |
| <u>r</u>ouge | 赤 | <u>r</u>oute | 道路 |
| t<u>r</u>avail | 仕事 | t<u>r</u>ès bien ! | とてもうまい ! |

　フランス語特有の音から攻略します。r の音は、フランス語を始める誰もが最初に「え?」と感じる音です。その驚きを大切にしてください。日本語の「ラリルレロ」は忘れましょう。「**ハヒフヘホに近い音**」です。舌は動かしません。無意識のうちに動こうとする舌を押さえて発音しましょう。息を吐きながら軽く喉を鳴らします。**イビキの音**を想像してください。

### 1 語末に r がくるとき　🎧011

　舌を動かさず、とにかく息を「ハッ」と吐きましょう。音声のあとについて、最後の息を強調しながら発音してみてください。3 回目に流れる音声が自然な発音です。

| | | |
|---|---|---|
| bonjou——r | bonjou——r | bonjour |
| amou——r | amou——r | amour |

### 2 語の途中で r の音が入るとき　🎧012

音声が聞こえたら、「ハッ」という息の音をまねましょう。

| | | |
|---|---|---|
| Me——r——ci | Me——r——ci | Merci |
| Au　re——voir | Au　re——voir | Au revoir |

**3** 語の最初で、r の音の後ろに母音がついているとき

「アイウエオ」とともに息を吐きましょう。最初の音が聞こえたらまねしてみてください。それを 2 回繰り返して、最後にはその単語全体を発音します。

| | | |
|---|---|---|
| ra──dio | ra──dio | radio |
| ra──dis | ra──dis | radis |
| | | |
| ris──que | ris──que | risque |
| Pa──ris | Pa──ris | Paris |
| | | |
| rou──ge | rou──ge | rouge |
| rou──te | rou──te | route |
| | | |
| res──tau──rant | res──tau──rant | restaurant |
| rê──ve | rê──ve | rêve |
| | | |
| ro──se | ro──se | rose |
| ro──seau | ro──seau | roseau |

音にしようと思わないで、音声をまねて息だけを吐きましょう。

| | | |
|---|---|---|
| re──fuser | re──fuser | refuser |
| re──gard | re──gard | regard |

**4** 他の子音と同時に発音するとき

| | | |
|---|---|---|
| tra──vail | tra──vail | travail |
| très  bien ! | très  bien ! | très bien ! |

───────── **r の音の違い** ─────────

現代フランス語では、r の音はほとんど喉の、イビキのような音で出します。しかしクラシック音楽の世界では、イタリア語のように巻き舌で歌う人もあります。また昔の歌謡歌手は口蓋垂をうがいのときのように震わせて歌う人が多かったです。その 3 つの音を比較してみましょう。

**radio**（イビキの音）　**radio**（口蓋垂の音）　**radio**（巻き舌）

# 読まない文字に慣れる
## À Paris, dans le Quartier latin

**綴り字の読み方　3つの「ない」**　🎧016

　フランス語は、英語に比べて音と綴り字の関係が規則的です。しかしそれを最初から網羅的に学び覚えるのではなく、必要最低限のことをまず押さえ、慣れていきましょう。

### À Paris, dans le Quartier latin　　　　パリのカルティエ・ラタンで

　発音しない文字の背景をグレーにしてみました。フランス語の綴りを読むときは、以下の 3 つの「ない」をしっかり押さえましょう。

---

**1 語尾の e は「エ」とは発音しない**
　　Madame は「マダメ」ではありません。「マダム」です。
**2 h は発音しない　ハ行はア行と同じ**
　　hôtel は「ホテル」ではありません。「オテル」です。
**3 語尾の子音字は原則として発音しない**
　　Paris は「パリス」ではありません。「パリ」です。

---

**1 語尾の e は「エ」とは発音しない**　🎧017

　文字 e の上に何も記号がついていなければ、語尾の e は「エ」とは発音しません。アルファベの e の音を思い出しましょう。以下は日本でもよく知られている単語です。音声をまねて繰り返しましょう。

| | | | |
|---|---|---|---|
| **Madame** | 女性への敬称 | **Mademoiselle** * | 未婚女性への敬称 |
| **danse** | ダンス | **boutique** | ブティック |
| **crème** | クリーム | **dictionnaire** | 辞書 |
| **actrice** | 女優 | **pilote** | パイロット |
| **guitare** | ギター | **lampe** | ランプ |
| **guide** | ガイド | **genre** | ジャンル |
| **chance** | 幸運 | **poème** | 詩 |

　　＊ Mademoiselle は 2012 年以降、行政文書での使用は禁止されています。

**2** hは発音しない　ハ行はア行と同じ　　　　　　　　　　　　🎧018

　フランス語の ha, hi, hu, he, ho は「ハヒフヘホ」ではありません。「アイウエオ」
と同じです。h は発音しません。以下は日本でもよく知られている単語です。フ
ランス語で発音してみましょう。

| | | | |
|---|---|---|---|
| hôtel | ホテル | harmonie | ハーモニー |
| horizon | 地平線 | silhouette | シルエット |
| hystérique | ヒステリックな | hybride | ハイブリッド |
| héros | ヒーロー | héroïne | ヒロイン |
| herbe | 草、ハーブ | Hollande | オランダ |
| hasard | 偶然 | humour | ユーモア |
| hiérarchie | ヒエラルキー | hôpital | 公立病院 |
| hobby | 趣味 | handicap | ハンディキャップ |

　フランス語の h は、母音と全く同じ扱いをする**無音の h** と、発音しないことに
変わりはないのですが、子音扱いをする**有音の h** があります。両者の違いについ
てはのちほどふれます（p.95 参照）。

**3** 語尾の子音字は原則として発音しない　　　　　　　　　　　🎧019

　例外はありますが、フランス語では単語の語尾の子音字、特に s, z, t, d などは
発音しないのが原則です。

| | | | |
|---|---|---|---|
| quartier | 区域、カルティエ | Monsieur | 男性への敬称 |
| Paris | パリ | Versailles | ヴェルサイユ |
| japonais | 日本人（男性） | français | フランス人（男性） |
| passeport | パスポート | sport | スポーツ |
| Petit Nicolas | プチニコラ | début | デビュー |
| robot | ロボット | restaurant | レストラン |
| pâtissier | 菓子職人、パティシエ | sommelier | ソムリエ |

15

# Leçon 3

# あいさつ
## Enchanté. / Enchantée.

### 音声をよく聞き、繰り返し声に出して覚えましょう 🎧020

| | |
|---|---|
| **Bonjour Madame.** | こんにちは。/ おはよう。[女性に] |
| **Au revoir Monsieur.** | さようなら。[男性に] |
| **Merci Mademoiselle.** | ありがとう。[女性に] |
| **Je m'appelle Laurent. Et vous ?** | 僕はロランといいます。あなたは？ |
| **– Moi, je m'appelle Françoise.** | – 私はフランソワーズです。 |
| **Enchanté. / Enchantée.\*** | はじめまして。[男性形 / 女性形] |

＊ Enchanté の女性形は Enchantée ですが、語尾の e は何か記号がついてない限りは「エ」とは発音しませんので、Enchanté. でも Enchantée. でも、発音は同じです。

**1** あいさつの言葉のあとに敬称や相手の名前をつけると丁寧になります。r の音や語尾の音に気をつけながら、例にならって発音してください。 🎧021

Bonjour Monsieur.　　　　　　　　　　　こんにちは。[男性に]

*Madame*　　　　→ **Bonjour *Madame*.**　　こんにちは。[女性に]

**À vous !** ではやってみましょう！

| | |
|---|---|
| *Marie* | → **Bonjour *Marie*.** |
| *Monsieur* | → **Bonjour *Monsieur*.** |
| *Au revoir* | → ***Au revoir* Monsieur.** |
| *Marie* | → **Au revoir *Marie*.** |
| *Mademoiselle* | → **Au revoir *Mademoiselle*.** |
| *Merci* | → ***Merci* Mademoiselle.** |
| *Marie* | → **Merci *Marie*.** |
| *Nicolas* | → **Merci *Nicolas*.** |
| *Madame* | → **Merci *Madame*.** |
| *Bonjour* | → ***Bonjour* Madame.** |

16

あいさつの言葉は « Bonjour. » だけではありません。友達同士では « Salut. » という表現も使います。しかし Monsieur, Madame と呼び合うような相手には使いませんので、注意しましょう。「あなたは？」を表す « Et vous ? » も « Et toi ? »「君は？」となります。

| | |
|---|---|
| – **Vous allez bien ?** | お元気ですか？ |
| – **Oui, je vais bien, merci. Et vous ?** | はい、元気です。ありがとう。あなたは？ |
| – **Salut, Nicolas. Ça va ?** | やあ、ニコラ。元気？ |
| – **Oui, ça va merci. Et toi ?** | うん、元気。ありがとう。君は？ |

**2** 例にならって言いかえてください。下線を引いた an, en の発音は、ページ下の「鼻母音①」を参照しましょう。

🎧022

Je m'appelle Takashi. Enchanté. Et vous ?

私はタカシです。はじめまして。あなたは？

*Marie* → **Moi, je m'appelle *Marie*. Enchantée.**

私はマリーです。はじめまして。

(À vous !) ではやってみましょう！

Je m'appelle Marie. Enchantée. Et vous ?

| | |
|---|---|
| *Laurent* | → **Moi, Je m'appelle *Laurent*. Enchanté. Et vous ?** |
| *Fabian* | → **Moi, je m'appelle *Fabian*. Enchanté. Et vous ?** |
| *Françoise* | → **Moi, je m'appelle *Françoise*. Enchantée. Et vous ?** |
| *François* | → **Moi, je m'appelle *François*. Enchanté. Et vous ?** |
| *Florent* | → **Moi, je m'appelle *Florent*. Enchanté. Et vous ?** |
| *Marc-Antoine* | → **Moi, je m'appelle *Marc-Antoine*. Enchanté. Et vous ?** |
| *Sandrine* | → **Moi, je m'appelle *Sandrine*. Enchantée. Et vous ?** |

───── **鼻母音①** [ɑ̃] ─────

　フランス語の鼻母音は 4 種類ありますが、現代ではそのうちの 2 種類は区別されず、3 種類とみなされています。この [ɑ̃] が最も特徴的で、目立つ音かもしれません。口はぽかんと開いて「オン」を発音するような気持ちで発音しましょう。カタカナでは書けない音です。音は最後は鼻に抜きますから、n があっても舌は動きませんし、m があっても口を閉じません。よく聞いて音を覚えましょう。

# 国籍を伝える

## Et vous, vous êtes français ?

音声をよく聞き、繰り返し声に出して覚えましょう　🎧023

| | |
|---|---|
| **Vous êtes japonais ?** | あなたは日本人〔男性〕ですか？ |
| **– Oui, je suis japonais. Et vous ?** | －はい、そうです。あなたは？ |
| **Il est de quelle nationalité ?** | 彼の国籍はどちらですか？ |
| **– Il est français.** | －フランス人〔男性〕です。 |
| **Elle est de quelle nationalité ?** | 彼女の国籍はどちらですか？ |
| **– Elle est belge.** | －彼女はベルギー人です。 |
| **Et vous, vous êtes japonaise ?** | それであなたは？　日本人〔女性〕ですか？ |
| **– Non, je suis brésilienne.** | －いいえ、ブラジル人〔女性〕です。 |

| | | | |
|---|---|---|---|
| **français / française** | フランス人 | **chinois / chinoise** | 中国人 |
| **anglais / anglaise\*** | 英国人 | **américain / américaine** | アメリカ人 |
| **coréen / coréenne** | 韓国人 | **allemand / allemande** | ドイツ人 |
| **espagnol / espagnole** | スペイン人 | **belge / belge** | ベルギー人 |

＊英国人は正式には britannique(男女同形) と言いますが、日常生活の場では anglais /
anglaise をより多く使います。

　国籍にも男性形、女性形があります。音や綴り字の違いに注意しましょう。会
話の中では、平叙文の文末を上げるだけで疑問文になります。

**1** 例にならって質問に oui で答えてください。下線を引いてある ai の発音は、右ペー
ジ下の「複母音字①」を参照しましょう。　🎧024

Vous êtes japon<u>ai</u>s ?　　　　　　　　　　　　　あなたは日本人〔男性〕ですか？

　**→ Oui, je suis japon<u>ai</u>s.**　　　　　　　　　　　はい、そうです。

**À vous !** ではやってみましょう！

| | |
|---|---|
| Vous êtes japon<u>ai</u>se ? | **→ Oui, je suis japon<u>ai</u>se.** |
| Vous êtes fran<u>ç</u>ais ? | **→ Oui, je suis fran<u>ç</u>ais.** |
| Vous êtes fran<u>ç</u>aise ? | **→ Oui, je suis fran<u>ç</u>aise.** |
| Vous êtes améric<u>ai</u>n ? | **→ Oui, je suis améric<u>ai</u>n.** |
| Vous êtes améric<u>ai</u>ne ? | **→ Oui, je suis améric<u>ai</u>ne.** |

**2** 例にならって言いかえてください。 🎧025

*français* → **Et vous, vous êtes *français* ?**

あなたは？ あなたはフランス人〔男性〕ですか？

( **À vous !** ) ではやってみましょう！

*allemand* → **Et vous, vous êtes *allemand* ?**

*allemande* → **Et vous, vous êtes *allemande* ?**

*anglais* → **Et vous, vous êtes *anglais* ?**

*anglaise* → **Et vous, vous êtes *anglaise* ?**

*brésilien* → **Et vous, vous êtes *brésilien* ?**

*brésilienne* → **Et vous, vous êtes *brésilienne* ?**

*espagnol(e)* → **Et vous, vous êtes *espagnol(e)* * ?**

*belge* → **Et vous, vous êtes *belge* * ?**

＊スペイン人、ベルギー人は、男性も女性も発音は同じ。

**3** 例にならって言いかえてください。 🎧026

Il est de quelle nationalité ? 彼の国籍はどちらですか？

*chinois* → **Il est *chinois*.** 彼は中国人です。

( **À vous !** ) ではやってみましょう！

Elle est de quelle nationalité ? *chinoise* → **Elle est *chinoise*.**

Il est de quelle nationalité ? *coréen* → **Il est *coréen*.**

Elle est de quelle nationalité ? *coréenne* → **Elle est *coréenne*.**

Il est de quelle nationalité ? *espagnol* → **Il est *espagnol*.**

Elle est de quelle nationalité ? *belge* → **Elle est *belge*.**

🎧027

━━━━━ 複母音字① ai [e / ɛ] ━━━━━

　ai は「アイ」とは読みません。2 文字で 1 つの音を表す**複母音字**と呼ばれる綴り字で、「エ」に近い音です。フランス語には 2 種類の「エ」があります。口を横に開く「狭いエ」[e] と、口を縦に開く「広いエ」[ɛ] です。厳密には異なりますが、その違いにこだわらず、「ai はアイではない」と思ってください。

**Je suis japonais.** **Vous êtes français ?** **Vous êtes anglais ?**

19

# 数字の練習 0-10

## Il y a combien de filles ?

音声をよく聞き、繰り返し声に出して覚えましょう　🎧028

| 0 | 1 | 2 | 3 | 4 | 5 | 6 | 7 | 8 | 9 | 10 |
|---|---|---|---|---|---|---|---|---|---|---|
| zéro | un / une | deux | trois | quatre | cinq | six | sept | huit | neuf | dix |

★数字の 1 には、男性形 un と女性形 une があります。2 以上は区別はありません。
★数字は最後の子音字まで発音する語が多いのですが、cinq, six, huit, dix は、子音で始まる名詞の前では語尾を発音しないこともあります。

| Il y a combien de garçons ? | 男の子は何人いますか？ |
|---|---|
| Il y a une fille. | 女の子がひとりいます。 |
| Il y a deux hommes. | 男性が 2 人います。 |
| Il y a trois enfants. | 子供が 3 人います。 |
| Il y a six femmes. | 女性が 6 人います。 |

★ il y a ...「～があります」という表現は、単数にも複数にも使えます。この場合の il は「彼は」の意味ではなく、非人称表現で用いられています。
★ ‿ は音がつながるリエゾンの箇所です。右ページ下を参照してください。

| un homme | une femme | un garçon | une fille | un enfant / deux enfants |
|---|---|---|---|---|

**1** 例にならって質問に答えてください。音のつながり方に注意し、丸暗記しましょう。

🎧029

Il y a combien d'hommes ?　　　　　　　　　　　男性は何人いますか？

*un*　　　　　　　　→ **Il y a *un* homme.**　　　ひとりいます。

[À vous !] ではやってみましょう！

Il y a combien d'hommes ?

*deux*　　　　　　　→ **Il y a *deux* hommes.**

*trois*　　　　　　　→ **Il y a *trois* hommes.**

*quatre*　　　　　　→ **Il y a *quatre* hommes.**

*cinq*　　　　　　　→ **Il y a *cinq* hommes.**

Il y a combien d'enfants ?

| | | |
|---|---|---|
| *six* | → | **Il y a *six* enfants.** |
| *sept* | → | **Il y a *sept* enfants.** |
| *huit* | → | **Il y a *huit* enfants.** |
| *neuf* | → | **Il y a *neuf* enfants.** |
| *dix* | → | **Il y a *dix* enfants.** |

**2** 例にならって質問に答えてください。　　　　　　　　　　030

Il y a combien de filles ?　　　　　　　　　　　　　　女の子は何人いますか？

| | | |
|---|---|---|
| *une* | → | **Il y a *une* fille.**　　　　ひとりいます。 |

**À vous !** ではやってみましょう！

Il y a combien de filles ?

| | | |
|---|---|---|
| *deux* | → | **Il y a *deux* filles.** |
| *trois* | → | **Il y a *trois* filles.** |

Il y a combien de garçons ?

| | | |
|---|---|---|
| *quatre* | → | **Il y a *quatre* garçons.** |
| *cinq* | → | **Il y a *cinq* garçons.** |
| *six* | → | **Il y a *six* garçons.** |

Il y a combien de femmes ?

| | | |
|---|---|---|
| *sept* | → | **Il y a *sept* femmes.** |
| *huit* | → | **Il y a *huit* femmes.** |
| *neuf* | → | **Il y a *neuf* femmes.** |
| *dix* | → | **Il y a *dix* femmes.** |

031

―――――――――――――――― リエゾン ――――――――――――――――

　単独なら発音しない語尾の子音字が、後ろに続く単語の最初の母音と結合して発音される現象を**リエゾン** (liaison) といいます。リエゾンは語と語の結びつきの強い箇所で起きます。s や x の文字は [z] の音で、t や d は [t] の音でリエゾンします。

　　　**un + homme → un homme**　　　**deux + enfants → deux enfants**
　　　**Il est + espagnol. → Il est espagnol.**

# 住んでいるところを伝える

## J'habite à Kyoto.

音声をよく聞き、繰り返し声に出して覚えましょう　🎧032

| | |
|---|---|
| **Vous habitez à\* Lyon ?** | あなたはリヨンに住んでいますか？ |
| **– Oui, j'habite à Lyon.** | – はい、私はリヨンに住んでいます。 |
| **Vous habitez où ?** | あなたはどちらにお住まいですか？ |
| **– J'habite à Paris.** | – 私はパリに住んでいます。 |
| **Élodie habite où ?** | エロディはどこに住んでいますか？ |
| **– Elle habite à New York.** | – 彼女はニューヨークに住んでいます。 |
| **Thomas habite où ?** | トマはどこに住んでいますか？ |
| **– Il habite à Strasbourg.** | – 彼はストラスブールに住んでいます。 |

＊à は「～に」という場所を示す前置詞です。

★〈je + habite〉は j'habite と省略記号でつなぎます。右ページ下を参照してください。

**1** 例にならって質問に oui で答えてください。　🎧033

Vous habitez à Kyoto ?　　　　　　　　　　あなたは京都に住んでいますか？

　→ **Oui, j'habite à Kyoto.**　　　　　　　はい、私は京都に住んでいます。

[À vous !] ではやってみましょう！

| Vous habitez à Osaka ? | → **Oui, j'habite à Osaka.** |
|---|---|
| Vous habitez à Paris ? | → **Oui, j'habite à Paris.** |
| Vous habitez à Lyon ? | → **Oui, j'habite à Lyon.** |
| Vous habitez à New York ? | → **Oui, j'habite à New York.** |
| Vous habitez à Strasbourg ? | → **Oui, j'habite à Strasbourg.** |

**2** 例にならって言いかえてください。　🎧034

*Paris*　　　　　　→ **Vous habitez à *Paris* ?**　　あなたはパリに住んでいますか？

[À vous !] ではやってみましょう！

| *Lyon* | → **Vous habitez à *Lyon* ?** |
|---|---|
| *Kyoto* | → **Vous habitez à *Kyoto* ?** |
| *New York* | → **Vous habitez à *New York* ?** |
| *Osaka* | → **Vous habitez à *Osaka* ?** |

22

*Tokyo*　　　　→ **Vous habitez à *Tokyo* ?**

**3** 例にならって質問に答えてください。人名は代名詞にしましょう。　🎧035

Vous habitez où ?　　　　　　　　　　　　　どちらにお住まいですか？

*Tokyo*　　　　　　　　→ **J'habite à *Tokyo*.**　私は東京に住んでいます。

(**À vous !**) ではやってみましょう！

Vous habitez où ?　　　　　*Paris*　　　→ **J'habite à *Paris*.**

Thomas habite où ?　　　*Strasbourg*　→ **Il habite à *Strasbourg*.**

Vous habitez où ?　　　　　*Osaka*　　　→ **J'habite à *Osaka*.**

Vous habitez où ?　　　　　*Lyon*　　　→ **J'habite à *Lyon*.**

Élodie habite où ?　　　　　*Tokyo*　　　→ **Elle habite à *Tokyo*.**

Vous habitez où ?　　　　　*Kyoto*　　　→ **J'habite à *Kyoto*.**

Vous habitez où ?　　　　　*New York*　→ **J'habite à *New York*.**

**4** 例にならって言いかえてください。　🎧036

Vous habitez à Paris ?　　　*je*　　　→ ***J'habite à Paris.***

(**À vous !**) ではやってみましょう！

J'habite à Strasbourg.　　*Thomas*　→ ***Thomas* habite à Strasbourg.**

Il habite à Nantes.　　　　*Élodie*　→ ***Élodie* habite à Nantes.**

J'habite à Kyoto.　　　　　*vous*　→ ***Vous* habitez à Kyoto.**

Elle habite à New York.　　*je*　　→ ***J'habite à New York.***

Vous habitez à Osaka.　　　*Thomas*　→ ***Thomas* habite à Osaka.**

J'habite à Lyon.　　　　　*vous*　→ ***Vous* habitez à Lyon.**

🎧037

────────── **母音省略** ──────────

　フランス語は、母音と母音がつながることを嫌います。je, me, te, se, ce, de, ne, le, la, que などの短い語は、あとに母音や無音の h で始まる語がくると、母音字が省略され、次の語と省略記号（'）でつながります。これを**母音省略**（エリズィヨン élision）といいます。1つの単語のように発音しましょう。

　**Je me + appelle Nicolas.**　→ **Je m'appelle Nicolas.**

　**Je + habite à Paris.**　　　→ **J'habite à Paris.**

# 身近な物の名前を言う

## Qu'est-ce que c'est ?

音声をよく聞き、繰り返し声に出して覚えましょう　🎧038

**un sac**
カバン

**un smartphone**
スマートフォン

**une trousse**
筆箱

**un portefeuille**
財布

**une clé**
鍵

**un crayon**
鉛筆

**une gomme**
消しゴム

**un cahier**
ノート

**un agenda**
スケジュール帳

**un livre**
本

**un dictionnaire**
辞書

**un mouchoir**
ハンカチ

**une montre**
腕時計

**un stylo**
ペン

| | |
|---|---|
| **Qu'est-ce que c'est ?** | これは何ですか？ |
| **C'est un portefeuille.** | これは財布〔男性名詞〕です。 |
| **C'est une clé.** | これは鍵〔女性名詞〕です。 |
| **Ce sont des stylos.** | これらはペン〔複数〕です。 |
| **Ce sont des agendas.** | これらはスケジュール帳〔複数〕です。 |

★フランス語では全ての名詞が男性と女性に分かれます。
★「これは〜です」というときには、名詞の前に不定冠詞 (un, une, des) をつけます
　(p.32 参照)。

**1** 例にならって質問に答えてください。　🎧039

Qu'est-ce que c'est ?
　　　　　　　　　　　　　　　　　　　　これは何ですか？

　*un sac*　　　　　　　**→ C'est *un sac*.**　　これはカバンです。

| | | |
|---|---|---|
| *une clé* | → **C'est *une clé*.** | これは鍵です。 |
| *des cahiers* | → **Ce sont *des cahiers*.** | これらはノート〔複数〕です。 |

À vous ! ではやってみましょう！

Qu'est-ce que c'est ?

| | |
|---|---|
| *une gomme* | → **C'est *une gomme*.** |
| *un mouchoir* | → **C'est *un mouchoir*.** |
| *des stylos* | → **Ce sont *des stylos*.** |
| *une trousse* | → **C'est *une trousse*.** |
| *des trousses* | → **Ce sont *des trousses*.** |
| *un livre* | → **C'est *un livre*.** |
| *des livres* | → **Ce sont *des livres*.** |
| *un portefeuille* | → **C'est *un portefeuille*.** |
| *une montre* | → **C'est *une montre*.** |
| *un agenda* | → **C'est *un agenda*.** |
| *des agendas* | → **Ce sont *des agendas*.** |

**2** 例にならって言いかえてください。  🎧040

| | | |
|---|---|---|
| *gomme* | → **C'est *une gomme*.** | これは消しゴムです。 |

À vous ! ではやってみましょう！

| | |
|---|---|
| *stylo* | → **C'est *un stylo*.** |
| *clé* | → **C'est *une clé*.** |
| *trousse* | → **C'est *une trousse*.** |
| *crayon* | → **C'est *un crayon*.** |
| *smartphone* | → **C'est *un smartphone*.** |
| *livre* | → **C'est *un livre*.** |
| *portefeuille* | → **C'est *un portefeuille*.** |
| *montre* | → **C'est *une montre*.** |
| *agenda* | → **C'est *un agenda*.** |
| *dictionnaire* | → **C'est *un dictionnaire*.** |

# 話せる言語についてやりとりする

## Vous parlez français ?

音声をよく聞き、繰り返し声に出して覚えましょう　　🎧041

| | |
|---|---|
| **Vous parlez japonais ?** | あなたは日本語を話しますか？ |
| **– Oui, je parle japonais.** | – はい、私は日本語を話します。 |
| **Vous parlez français ?** | あなたはフランス語を話しますか？ |
| **– Oui, je parle un peu français.** | – はい、少し話します。 |
| **Vous parlez quelles langues ?** | あなたは何語を話しますか？ |
| **– Je parle anglais et allemand.** | – 私は英語とドイツ語を話します。 |
| **Thomas parle russe ?** | トマはロシア語を話しますか？ |
| **– Oui, il parle très bien russe.** | – はい、とても上手に話します。 |
| **Élodie parle italien ?** | エロディはイタリア語を話しますか？ |
| **– Oui, elle parle très bien italien.** | – はい、とても上手に話します。 |

★言語名は、多くの国の場合、国籍の男性形と同じです。

---

**1** 例にならって質問に oui で答えてください。人名は代名詞にしましょう。　🎧042

Vous parlez *chinois* ?　　　　　　　　　　　あなたは中国語を話しますか？

　→ **Oui, je parle un peu *chinois*.**　　　　　はい、少し話します。

(**À VOUS !**) ではやってみましょう！

Vous parlez *français* ?

　→ **Oui, je parle un peu *français*.**

Vous parlez *anglais* ?

　→ **Oui, je parle un peu *anglais*.**

Vous parlez *russe* ?

　→ **Oui, je parle un peu *russe*.**

Thomas parle très bien *allemand* ?

　→ **Oui, il parle très bien *allemand*.**

Thomas parle très bien *coréen* ?

　→ **Oui, il parle très bien *coréen*.**

Élodie parle très bien *italien* ?

→ **Oui, elle parle très bien *italien*.**

**2** 例にならって言いかえてください。　　　　　　　　　　　　🎧043

*chinois* → **Vous parlez *chinois* ?**　　　あなたは中国語を話しますか？

（**À vous !**）ではやってみましょう！

*coréen* → **Vous parlez *coréen* ?**

*français* → **Vous parlez *français* ?**

*anglais* → **Vous parlez *anglais* ?**

*italien* → **Vous parlez *italien* ?**

*allemand* → **Vous parlez *allemand* ?**

*japonais* → **Vous parlez *japonais* ?**

*russe* → **Vous parlez *russe* ?**

**3** 指示された言語を加えながら、質問に答えてください。　　　　🎧044

Vous parlez quelles langues ?　　　　　　　　あなたは何語を話しますか？

*anglais* → **Je parle *anglais*.**　　　　　英語を話します。

（**À vous !**）ではやってみましょう！

Vous parlez quelles langues ?

*chinois* → **Je parle *anglais et chinois*.**

Vous parlez quelles langues ?

*coréen* → **Je parle *anglais, chinois et coréen*.**

Vous parlez quelles langues ?

*espagnol* → **Je parle *anglais, chinois, coréen et espagnol*.**

Vous parlez quelles langues ?

*italien* → **Je parle *anglais, chinois, coréen, espagnol et italien*.**

🎧045

───────────────── 複母音字② oi [wa] ─────────────────

oi は「オイ」とは読みません。「ゥワ」[wa] となります。

**Bonjour Mademoiselle.**　　　**un, deux, trois**　　　**Vous parlez chinois ?**

# 否定する（1）

### Je n'habite pas à Londres.

| | |
|---|---|
| Vous êtes pâtissier ? | あなたは菓子職人〔男性〕ですか？ |
| – Non, je ne suis pas pâtissier. | – いいえ、菓子職人ではありません。 |
| Elle est employée ? | 彼女は会社員〔女性〕ですか？ |
| – Non, elle n'est pas employée. | – いいえ、会社員ではありません。 |
| Vous habitez à Bordeaux ? | あなたはボルドーにお住まいですか？ |
| – Non, je n'habite pas à Bordeaux. | – いいえ、ボルドーには住んでいません。 |
| C'est un stylo ? | これはペンですか？ |
| – Non, ce n'est pas un stylo. | – いいえ、ペンでありません。 |
| Il est étudiant ? | 彼は学生ですか？ |
| – Non, il n'est pas étudiant. | – いいえ、学生ではありません。 |
| Elle habite à Paris ? | 彼女はパリに住んでいますか？ |
| – Non, elle n'habite pas à Paris. | – いいえ、パリには住んでいません。 |

★否定文では、動詞を ne と pas ではさみます（p.33 参照）。

**1** 例にならって質問に non で答えてください。　🎧047

Vous êtes pâtissière ?　　　　　　　　　　あなたは菓子職人〔女性〕ですか？

　→ **Non, je ne suis pas pâtissière.**　　いいえ、菓子職人ではありません。

**À vous !** ではやってみましょう！

| | |
|---|---|
| Vous êtes pâtissier ? | → **Non, je ne suis pas pâtissier.** |
| Vous êtes pâtissière ? | → **Non, je ne suis pas pâtissière.** |
| Vous êtes employée* ? | → **Non, je ne suis pas employée.** |
| Vous êtes employé* ? | → **Non, je ne suis pas employé.** |
| Il est étudiant ? | → **Non, il n'est pas étudiant.** |
| Elle est étudiante ? | → **Non, elle n'est pas étudiante.** |

＊男性形も女性形も発音は同じです。

**2** 例にならって質問に non で答えてください。 🎧048

Vous parlez japonais ?　　　　　　　　　あなたは日本語を話しますか？

→ **Non, je ne parle pas japonais.**　　　いいえ、日本語を話しません。

（À vous !） ではやってみましょう！

C'est une clé ?　　　　　　　　　　→ **Non, ce n'est pas une clé.**

Vous parlez anglais ?　　　　　　　→ **Non, je ne parle pas anglais.**

Il parle espagnol ?　　　　　　　　→ **Non, il ne parle pas espagnol.**

Ce sont des montres ?　　　　　　　→ **Non, ce ne sont pas des montres.**

Vous parlez coréen ?　　　　　　　→ **Non, je ne parle pas coréen.**

Elle parle russe ?　　　　　　　　　→ **Non, elle ne parle pas russe.**

**3** 例にならって質問に non で答えてください。 🎧049

Vous habitez à Marseille ?　　　　　　　あなたはマルセイユにお住まいですか？

→ **Non, je n'habite pas à Marseille.**　　いいえ、マルセイユには住んでいません。

（À vous !） ではやってみましょう！

Vous habitez à Hong Kong ?（香港）　→ **Non, je n'habite pas à Hong Kong.**

Il habite à Strasbourg ?　　　　　　→ **Non, il n'habite pas à Strasbourg.**

Vous habitez à Pékin ?（北京）　　　→ **Non, je n'habite pas à Pékin.**

Elle habite à Bordeaux ?　　　　　　→ **Non, elle n'habite pas à Bordeaux.**

Vous habitez à Séoul ?（ソウル）　　→ **Non, je n'habite pas à Séoul.**

Vous habitez à Londres ?（ロンドン）　→ **Non, je n'habite pas à Londres.**

🎧050

--- **摩擦音 [v] と [f]** ---

　上の歯が下唇に触れ、息が歯と唇に摩擦して出る音です。唇だけで発音する「ブ」や「フ」とは区別しましょう。唇は噛まずにそっと歯を乗せてください。

| | |
|---|---|
| **v**acances ヴァカンス | **v**accin ワクチン |
| **V**enise ヴェニス | **V**ersailles ヴェルサイユ |
| **f**amille 家族 | la **F**rance フランス |
| **f**ille 女の子 | **F**lorence フィレンツェ |

# 数字の練習 11-20

## Elle a quel âge ?

音声をよく聞き、繰り返し声に出して覚えましょう 🎧051

| 11 | 12 | 13 | 14 | 15 |
|---|---|---|---|---|
| onze | douze | treize | quatorze | quinze |
| 16 | 17 | 18 | 19 | 20 |
| seize | dix-sept | dix-huit | dix-neuf | vingt |

| | |
|---|---|
| **Vous avez quel âge ?** | あなたのご年齢は？ |
| **– J'ai vingt ans.** | – 私は 20 歳です。 |
| **Tu as quel âge ?** | 君は何歳？ |
| **– J'ai onze ans.** | –11 歳よ。 |
| **Pierre a quel âge ?** | ピエールは何歳ですか？ |
| **– Il a neuf ans.*** | – 彼は 9 歳です。 |
| **Sylvie a quel âge ?** | シルヴィは何歳ですか？ |
| **– Elle a quatorze ans.** | – 彼女は 14 歳です。 |

\* neuf ans は [v] でリエゾンします。

★フランス語では年齢を言うとき、動詞 avoir を用います。 an(s) は「年」を表わします。
★フランス語には、2 種類の「あなた」があります。家族や親しい相手には、vous の代わりに tu を用います。活用も違います。

**1** ポーズの間に偶数を発音してください。 🎧052

1 __ 3 __ 5 __ 7 __ 9 __ 11 __ 13 __ 15 __ 17 __ 19 __

**2** ポーズの間に奇数を発音してください。チャイムが鳴ったら始めましょう。 🎧053

♪ __ 2 __ 4 __ 6 __ 8 __ 10 __ 12 __ 14 __ 16 __ 18 __ 20

**3** 例にならって言いかえてください。 🎧054

| Il a dix-sept ans. | | 彼は 17 歳です。 |
|---|---|---|
| *elle a* | → *Elle a* dix-sept ans. | 彼女は 17 歳です。 |

(À vous !) ではやってみましょう！

Vous avez vingt ans.

| | | |
|---|---|---|
| *elle a* | → | *Elle a* vingt ans. |
| *neuf ans* | → | Elle a *neuf ans.* |
| *j'ai* | → | *J'ai* neuf ans. |
| *treize ans* | → | J'ai *treize ans.* |
| *il a* | → | *Il a* treize ans. |
| *quinze ans* | → | Il a *quinze ans.* |
| *tu as* | → | *Tu as* quinze ans. |

**4** ans とのリエゾンに注意し、例にならって質問に答えてください。人名は代名詞にしましょう。 🎧055

Elle a quel âge ?                                         彼女は何歳ですか？

　　*six* → **Elle a 6 ans.**                    彼女は 6 歳です。

(À vous !) ではやってみましょう！

| | | |
|---|---|---|
| Tu as quel âge ? | *dix-huit* | → **J'ai *18* ans.** |
| Elle a quel âge ? | *quinze* | → **Elle a *15* ans.** |
| Sylvie a quel âge ? | *deux* | → **Elle a *2* ans.** |
| Il a quel âge ? | *trois* | → **Il a *3* ans.** |
| Pierre a quel âge ? | *quatre* | → **Il a *4* ans.** |
| Vous avez quel âge ? | *dix-neuf* | → **J'ai *19* ans.** |
| Elle a quel âge ? | *treize* | → **Elle a *13* ans.** |
| Il a quel âge ? | *seize* | → **Il a *16* ans.** |

🎧056

―――――― アンシェヌマン ――――――

　発音されている語末の子音を、あとにくる単語の冒頭の母音につないで発音することを**アンシェヌマン**（enchaînement）と言います。2語を切り離さず、1つの語のように音を連続して発音します。

| | |
|---|---|
| **il + est  = il est** | **elle + est  = elle est** |
| [il]+[ɛ] = [ilɛ] | [ɛl] + [ɛ] = [ɛlɛ] |
| **Il + a  = il a** | **elle + a  = elle a** |
| [il]+[a] = [ila] | [ɛl]+ [a] = [ɛla] |

31

## 1. フランス語の主語代名詞 (pronoms sujets)

フランス語の「あなた」には2種類あります。友人、家族など、親しい相手、遠慮のない間柄では tu、初めて会う人や改まった関係では vous を用います。複数はどちらも vous です。本書では便宜上、vous の単数は「あなたは」、tu は「君は」ととしています。下の表で背景がグレーになっている語尾の s の文字は発音しません。ですから発音だけなら il も ils も同じです。

|  | 単数 | | 複数 | |
|---|---|---|---|---|
| 1人称 | je | 私は | nous | 私たちは |
| 2人称 | tu | 君は (遠慮のない関係の単数) | vous | あなたは (改まった関係の単数)<br>あなたたちは (改まった関係の複数)<br>君たちは (遠慮のない関係の複数) |
| 3人称 | il | 彼は | ils | 彼らは |
|  | elle | 彼女は | elles | 彼女らは |

## 2. 動詞 être

フランス語の動詞は、人称と単数・複数によって活用が変わります。ですから**活用形を覚えるときには、必ず主語の代名詞をつけて発音**します。

動詞の「原形」を、フランス語では**不定詞** (infinitif) と呼びます。フランス語では不定詞と活用形は全く異なります。

まずは英語の be 動詞に相当する動詞 être を覚えましょう。国籍や身分・職業を伝えるときにも用いる重要な動詞です。下の表で背景がグレーの文字は発音しません。

🎧057

| être の現在形 | | |
|---|---|---|
|  | 単数 | 複数 |
| 1人称 | je suis | nous sommes |
| 2人称 | tu es | vous êtes |
| 3人称 | il est | ils sont |
|  | elle est | elles sont |

Il est, elle est は必ずアンシェヌマンして、2語をつないで発音します。vous は êtes と必ずリエゾンします。

## 3. 不定冠詞 (article indéfini)

　冠詞は冠のように名詞の頭につきます。フランス語には 3 種類あります。その 1 つが**不定冠詞**です。不定とは「特定ではない、限定されていない」という意味です。英語の a / an に相当します。

| 男性単数 | 女性単数 | 男性・女性複数 |
|---------|---------|---------------|
| un | une | des |

des filles　　des enfants

　des のあとに母音もしくは無音の h で始まる語がくる場合は必ずリエゾンします。des のあとに〈形容詞 + 名詞〉と続く場合には、des が de に変化します (p.92 参照)。

## 4. 否定文

　否定文は、動詞を ne と pas ではさみます。母音もしくは無音の h ではじまる動詞の前では、ne は母音省略を起こし、e を消して動詞と省略記号 ( ' ) で結ばれ 1 語のように発音します。

🎧058

| être の否定形 | | | |
|---------------|---|---------------|---|
| je **ne** suis | **pas** | nous **ne** sommes | **pas** |
| tu **n'**es (ne+es) | **pas** | vous **n'**êtes (ne+êtes) | **pas** |
| il **n'**est (ne+est) | **pas** | ils **ne** sont | **pas** |
| elle **n'**est (ne+est) | **pas** | elles **ne** sont | **pas** |

## 5. 規則動詞 (verbe -er)

　不定詞 (原形) の語尾が必ず -er で終る動詞を、**規則動詞 (もしくは -er 動詞)** と呼びます。規則動詞はフランス語の動詞のうち 90% を占め活用も単純なので、1 つ覚えれば、他の動詞にも応用がききます。音のつながりに注意し発音しましょう。[-] は音がないという印です。特に ils / elles の活用語尾に注意してください。

🎧059

| parler | habiter | 共通語尾 | |
|--------|---------|---------|---|
| je parle | j' habite | -e | [-] |
| tu parles | tu habites | -es | [-] |
| il parle | il habite | -e | [-] |
| elle parle | elle habite | -e | [-] |
| nous parlons | nous habitons | -ons | [õ] |
| vous parlez | vous habitez | -ez | [e] |
| ils parlent | ils habitent | -ent | [-] |
| elles parlent | elles habitent | -ent | [-] |

# リズムとイントネーション
### Je ne suis pas français.

　それぞれの単語の音はもちろん大切ですが、フランス語では話すときのリズムとイントネーションも重要です。リズムとイントネーションが整わないと、どんなに単語の発音が正しくても相手に通じないことがあります。文の中で、その単語がどのような位置にあるかで発音が違ってきます。

**1** 英語と違って、フランス語では辞書に長音記号やアクセントの位置が書いてありません。基本的にはフランス語は単語の後ろの方を長く発音しますが、それも文の流れの中で決まります。このリズムをつかみましょう。 🎧060

① **Bonjour !** 　　　　　　　　　　　　　こんにちは。
② **Bonjour Madame.** 　　　　　　　　こんにちは〔女性に〕。

① **Enchanté Monsieur.** 　　　　　　　はじめまして〔男性に〕。
② **Enchanté Monsieur Tanaka.** 　　　はじめまして、田中さん。

① **Et vous ?** 　　　　　　　　　　　　あなたは？
② **Vous êtes japonais ?** 　　　　　　あなたは日本人ですか？

　2つの文のうち、①は下線部が長いですが、②は短いですね。後ろに他の語が続いてくると、短くなります。「ボンジュール」「ムッシュー」と書かれたカタカナをよく目にしますが、決していつも語尾が伸びているわけではないのです。

**2** フランス語のイントネーションは、主語が代名詞の場合、まず低い位置から文を始めます。ほとんどの場合、文の初めは声は低めに、そして静かに上がってゆき、最後は下に降ります。語をつないで文として発音しましょう。 🎧061

Je / m'appelle / Nicolas. 　　　→ **Je m'appelle Nicolas.**

Je / suis / français. 　　　　　→ **Je suis français.**

Je / parle / français / et / anglais. 　→ **Je parle français et anglais.**

Tu / as / vingt ans. 　　　　　→ **Tu as vingt ans.**

Elle / habite / à / Marseille. 　→ **Elle habite à Marseille.**

C'est / un / sac. 　　　　　　　→ **C'est un sac.**

Il / y / a / trois / garçons.　　　　　　→ **Il y a/trois garçons.**

**3** 否定文のイントネーションは、pas の後ろにまだ他の単語が続いている場合は、pas に向かって静かに上がります。そこまでは声を上下させずフラットにし、pas でおもむろに降ります。

質問に否定で答えましょう。「pas がちゃんと聞こえたら否定文とわかる」という気持ちで pas を大切に発音してください。　　　　　　🎧062

Vous parlez japonais ?　　　　　→ **Non, je ne parle/pas japonais.**

Vous habitez à Paris ?　　　　　→ **Non, je n'habite/pas à Paris.**

Elle habite à Bordeaux ?　　　　→ **Non, elle n'habite/pas à Bordeaux.**

C'est une montre ?　　　　　　　→ **Non, ce n'est/pas une/montre.**

Ce sont des crayons ?　　　　　→ **Non, ce ne sont/pas des/crayons.**

Vous êtes américain ?　　　　　→ **Non, je ne suis/pas américain.**

Il a dix-neuf ans ?　　　　　　→ **Non, il n'a/pas dix-neuf ans.**

Elle est pâtissière ?　　　　　→ **Non, elle n'est/pas pâtissière.**

**4** 複数の主語代名詞と動詞をリエゾンさせながら発音する練習です。主語代名詞が聞こえたら、すぐに活用形と共に発音してください。低い音から始めましょう。

🎧063

| habiter | *nous* | → **nous habitons** | *vous* | → **vous habitez** |
|---------|--------|---------------------|--------|--------------------|
|         | *ils*  | → **ils habitent**  | *elles*| → **elles habitent** |
| aimer   | *nous* | → **nous aimons**   | *vous* | → **vous aimez** |
|         | *ils*  | → **ils aiment**    | *elles*| → **elles aiment** |
| écouter | *nous* | → **nous écoutons** | *vous* | → **vous écoutez** |
|         | *ils*  | → **ils écoutent**  | *elles*| → **elles écoutent** |
| étudier | *nous* | → **nous étudions** | *vous* | → **vous étudiez** |
|         | *ils*  | → **ils étudient**  | *elles*| → **elles étudient** |
| arriver | *nous* | → **nous arrivons** | *vous* | → **vous arrivez** |
|         | *ils*  | → **ils arrivent**  | *elles*| → **elles arrivent** |
| avoir   | *nous* | → **nous avons**    | *vous* | → **vous avez** |
|         | *ils*  | → **ils ont**       | *elles*| → **elles ont** |

# 体調を伝える（1）
## J'ai chaud !

音声をよく聞き、繰り返し声に出して覚えましょう　🎧064

| | |
|---|---|
| **J'ai chaud.** | 私は暑いです。 |
| **Vous n'avez pas froid ?** | 寒くないですか？ |
| **Tu n'as pas froid ?** | 寒くない？ |
| **– Si\*, j'ai froid. Je suis malade.** | – いいえ、寒いわ。具合が悪いの。 |
| **Il a faim et soif.** | 彼は空腹で喉が渇いています。 |
| **Ils n'ont pas sommeil.** | 彼らは眠くありません。 |
| **Ils sont un peu fatigués.** | 彼らは少し疲れています。 |
| **Nous n'avons pas très soif.** | 私たちはあまり喉が乾いていません。 |

＊否定疑問文に肯定で答えるときには、oui の代わりに si を用います。

**J'ai chaud.**　　**J'ai froid.**　　**J'ai faim.**　　**J'ai soif.**　　**J'ai sommeil.**

**1** 例にならって言いかえてください。　　🎧065

J'ai sommeil.　　　　　　　　　　　　　　　　　私は眠い。

   *Takashi*        → *Takashi a* sommeil.       タカシは眠い。

**À VOUS !**

   *nous*             → *Nous avons* sommeil.

   *Naoko et Kyoko*   → *Naoko et Kyoko ont* sommeil.

   *malades*        → Naoko et Kyoko *sont malades*.

   *Marie*            → *Marie* est malade.

   *froid*             → Marie *a froid*.

   *je*               → *J'ai* froid.

   *faim*             → *J'ai faim*.

   *tu*               → *Tu as* faim.

*fatigué*                    → **Tu *es fatigué*.**

**2** 例にならって質問に non で答えてください。 🎧066

Vous avez soif ?                      あなたは喉が渇いていますか？

→ **Non, je n'ai pas soif.**          いいえ、渇いていません。

( À vous ! )

Elle a froid ?                        → **Non, elle n'a pas froid.**

Il a chaud ?                          → **Non, il n'a pas chaud.**

Tu es malade ?                        → **Non, je ne suis pas malade.**

Elles sont fatiguées ?                → **Non, elles ne sont pas fatiguées.**

Ils ont faim ?                        → **Non, il n'ont pas faim.**

Natsumi et Kyoko, vous avez faim ?    → **Non, nous n'avons pas faim.**


**3** 否定疑問文に肯定で答えましょう。 🎧067

Vous n'avez pas froid ?               寒くないですか？

→ **Si, j'ai froid.**                 いいえ、寒いです。

( À vous ! )

Il n'a pas faim ?                     → **Si, il a faim.**

Elles n'ont pas sommeil ?             → **Si, elles ont sommeil.**

Ils n'ont pas soif ?                  → **Si, ils ont soif.**

Elle n'est pas fatiguée ?            → **Si, elle est fatiguée.**

Tu n'as pas chaud ?                   → **Si, j'ai chaud.**

Madame, vous n'êtes pas malade ?      → **Si, je suis malade.**

Natsumi et Kyoko, vous n'avez pas froid ? → **Si, nous avons froid.**

🎧068

―――――――― **鼻母音②** [ɛ̃] ――――――――

口は横に引き気味にして音を鼻に抜きます。綴り字は in/im, ain/aim, ein/
eim, yn/ym, ien, 語尾の en など、さまざまです。n があっても舌は動かず、m
があっても口は閉じません。

**Il a <u>cin</u>q ans.**   **Tu as <u>vin</u>gt ans.**   **J'ai f<u>aim</u> !**   **Il est améric<u>ain</u>.**

**Ils sont cor<u>éen</u>s.**   **Très b<u>ien</u> !**   **s<u>ym</u>pathique** 感じが良い   **un ch<u>ien</u>** 犬

37

# 職業・身分についてやりとりする

## Qu'est-ce que vous faites dans la vie ?

音声をよく聞き、繰り返し声に出して覚えましょう 🎧069

| | |
|---|---|
| **Qu'est-ce que vous faites dans la vie ?** | お仕事は何をなさっていますか？ |
| **– Je suis médecin\*.** | – 私は医師です。 |
| **Qu'est-ce que tu fais dans la vie ?** | 仕事は何をしてるの？ |
| **– Je suis étudiant.** | – 私は学生です。 |
| **Qu'est-ce qu'il fait dans la vie ?** | 彼の職業は何ですか？ |
| **– Il est musicien.** | – 彼は音楽家です。 |
| **Qu'est-ce qu'ils font dans la vie ?** | 彼らの職業は何ですか？ |
| **– Ils sont cuisiniers.** | – 彼らは料理人です。 |

\* médecin には女性形がありません。男女同形です。

**sommelier / sommelière** ソムリエ  **chanteur / chanteuse** 歌手

**vendeur / vendeuse** 販売員

---

**1** 例にならって質問に答えてください。 🎧070

Qu'est-ce que vous faites dans la vie ?  お仕事は何をなさっていますか？

*médecin* → **Je suis *médecin*.**  私は医師です。

[ À vous ! ]

Qu'est-ce que vous faites dans la vie ?

*chanteur* → **Je suis *chanteur*.**

Qu'est-ce qu'il fait dans la vie ?

*musicien* → **Il est *musicien*.**

Qu'est-ce qu'elle fait dans la vie ?

*chanteuse* → **Elle est *chanteuse*.**

Qu'est-ce que tu fais dans la vie ?

*cuisinière* → **Je suis *cuisinière*.**

Qu'est-ce qu'ils font dans la vie ?

*cuisiniers* → **Ils sont *cuisiniers*.**

Qu'est-ce qu'il fait dans la vie ?

*pâtissier* → **Il est *pâtissier*.**

Qu'est-ce qu'elles font dans la vie ?

*sommelières* → **Elles sont *sommelières*.**

Qu'est-ce que tu fais dans la vie ?

*étudiant* → **Je suis *étudiant*.**

Qu'est-ce qu'il fait dans la vie ?

*vendeur* → **Il est *vendeur*.**

**2** 例にならって質問に non で答えてください。　　　　　　🎧071

Vous êtes employé(e) ?　　　　　　　　　　あなたは会社員ですか？

→ **Non, je ne suis pas employé(e).**　　　いいえ、私は会社員ではありません。

[ À vous ! ]

Il est musicien ?　　　　　　　→ **Non, il n'est pas musicien.**

Elles sont cuisinières ?　　　　→ **Non, elles ne sont pas cuisinières.**

Il est étudiant ?　　　　　　　→ **Non, il n'est pas étudiant.**

Elle est pâtissière ?　　　　　→ **Non, elle n'est pas pâtissière.**

Ils sont médecins ?　　　　　　→ **Non, ils ne sont pas médecins.**

Il est sommelier ?　　　　　　→ **Non, il n'est pas sommelier.**

Il est pâtissier ?　　　　　　　→ **Non, il n'est pas pâtissier.**

Elle est musicienne ?　　　　　→ **Non, elle n'est pas musicienne.**

Elle est étudiante ?　　　　　→ **Non, elle n'est pas étudiante.**

Elle est chanteuse ?　　　　　→ **Non, elle n'est pas chanteuse.**

Elles sont vendeuses ?　　　　→ **Non, elles ne sont pas vendeuses.**

Il est employé ?　　　　　　　→ **Non, il n'est pas employé.**

🎧072

———— **qu の読み方 [k]** ————

qu は原則として、「クワ」[kw] にはなりません。単なる [k] です。

**quel**　　**quatre**　　**quatorze**　　**quarante**　　**question**

**qualité** 質　　**quantité** 量

**Qu'est-ce que c'est ?**　　**Qu'est-ce que vous faites dans la vie ?**

39

# 好き・嫌いを伝える
## J'aime beaucoup les voyages.

音声をよく聞き、繰り返し声に出して覚えましょう 🎧073

| | |
|---|---|
| **Vous aimez le cinéma ?** | 映画はお好きですか？ |
| – **Oui, j'aime beaucoup le cinéma.** | – はい、とても好きです。 |
| **Elle aime les chiens ?** | 彼女は犬が好きですか？ |
| – **Oui, elle aime beaucoup les chiens.** | – はい、とても好きです。 |
| **Il aime les chats ?** | 彼は猫が好きですか？ |
| – **Non, il n'aime pas beaucoup les chats.** | – いいえ、あまり好きではありません。 |
| **Ils aiment les voyages ?** | 彼らは旅行が好きですか？ |
| – **Non, ils n'aiment pas les voyages.** | – いいえ、好きではありません。 |
| **Elles aiment la bière ?** | 彼女たちはビールが好きですか？ |
| – **Oui, elles aiment la bière.** | – はい、好きです。 |
| **Nous aimons le théâtre.** | 私たちは演劇が大好きです。 |

  **la lecture** 読書    **la musique** 音楽

★ 好き・嫌いを伝える表現では名詞に定冠詞をつけます。

| 男性単数 | 女性単数 | 複数 |
|---|---|---|
| le / l'(母音もしくは無音の前) | la / l'(母音もしくは無音の前) | les |

---

**1** 例にならって質問に oui で答えてください。 🎧074

Vous aimez la bière ?         ビールはお好きですか？

 → **Oui, j'aime beaucoup la bière.**    はい、好きです。

[À vous !]

| | |
|---|---|
| Vous aimez la musique ? | → **Oui, j'aime beaucoup la musique.** |
| Tu aimes les chiens ? | → **Oui, j'aime beaucoup les chiens.** |
| Il aime le vin ? | → **Oui, il aime beaucoup le vin.** |
| Elle aime les chats ? | → **Oui, elle aime beaucoup les chats.** |
| Ils aiment les voyages ? | → **Oui, ils aiment beaucoup les voyages.** |
| Elles aiment le théâtre ? | → **Oui, elles aiment beaucoup le théâtre.** |

Marie et Élodie, vous aimez le cinéma ?

→ **Oui, nous aimons beaucoup le cinéma.**

**2** 例にならって質問に non で答えてください。　　　　　　　　🎧075

Vous aimez la bière ?　　　　　　　　　　　　　　　ビールはお好きですか？

→ **Non, je n'aime pas beaucoup la bière.**　いいえ、あまり好きではありません。

[À vous !]

Vous aimez la lecture ?　　　→ **Non, je n'aime pas beaucoup la lecture.**

Tu aimes les chiens ?　　　→ **Non, je n'aime pas beaucoup les chiens.**

Il aime le vin ?　　　　　→ **Non, il n'aime pas beaucoup le vin.**

Elle aime les chats ?　　　→ **Non, elle n'aime pas beaucoup les chats.**

Ils aiment les voyages ?　　→ **Non, ils n'aiment pas beaucoup les voyages.**

Elles aiment le théâtre ?　　→ **Non, elles n'aiment pas beaucoup le théâtre.**

Marie et Élodie, vous aimez le cinéma ?

→ **Non, nous n'aimons pas beaucoup le cinéma.**

🎧076

### c の読み方とアクセント記号セディーユ

　c はそのあとにどんな文字が続くかで、音が変ります。a, o, u は [k]、e や i が続くと [s] になります。〈c ＋子音〉は [k] です。

|  | c ＋ a | <u>ca</u>fé | <u>ca</u>rotte 人参 |  |
|---|---|---|---|---|
| [k] | c ＋ o | beau<u>co</u>up | <u>co</u>mment いかに | <u>co</u>urses 買物 |
|  | c ＋ u | <u>cu</u>isine 料理 | <u>cu</u>lotte パンティ |  |
|  | c ＋ e | <u>ce</u> matin 今朝 | la Fran<u>ce</u> | <u>ce</u>tte montre この腕時計 |
| [s] | c ＋ i | <u>ci</u>néma | <u>ci</u>nq |  |
|  | c ＋ y | <u>cy</u>gne 白鳥 | <u>cy</u>près 糸杉 |  |

　a, o, u の前で c を [s] と発音するときには、c の下に尻尾のような**セディーユ** (cédille) というアクセント記号をつけます。　**français**

　その他：

　**c ＋子音 [k]　mer<u>c</u>redi 水曜日　<u>c</u>lasse クラス**

# 数字の練習 20-39
## C'est combien ?

| 20 | 21 | 22 | 23 | ...... | 29 |
|---|---|---|---|---|---|
| vingt | vingt et un | vingt-deux | vingt-trois | | vingt-neuf |
| 30 | 31 | 32 | 33 | ...... | 39 |
| trente | trente et un | trente-deux | trente-trois | | trente-neuf |

Ce mouchoir, c'est combien ?　　このハンカチはいくらですか？
– C'est 29 euros.　　– 29 ユーロです。
Cette trousse, c'est combien ?　　この筆箱はいくらですか？
– C'est 35 euros.　　– 35 ユーロです。

**1** ポーズの間に奇数を発音してください。　🎧078
20___ 22___ 24___ 26___ 28___ 30___ 32___ 34___ 36___ 38___

**2** ポーズの間に偶数を発音してください。チャイムが鳴ったら始めましょう。🎧079
♪ ___ 21 ___23 ___25 ___27 ___29 ___31 ___33 ___35 ___37 ___39

**3** euro(s) とのリエゾンに注意し、例にならって値段を答えてください。🎧080
C'est combien ?　　おいくらですか？
*1*　→ C'est *un* euro.　　1 ユーロです。

[À vous !]
C'est combien ?

| | | | |
|---|---|---|---|
| *2* | → C'est *deux* euros. | *3* | → C'est *trois* euros. |
| *4* | → C'est *quatre* euros. | *5* | → C'est *cinq* euros. |
| *6* | → C'est *six* euros. | *7* | → C'est *sept* euros. |
| *8* | → C'est *huit* euros. | *9* | → C'est *neuf* euros. |
| *10* | → C'est *dix* euros. | *21* | → C'est *vingt et un* euros. |
| *31* | → C'est *trente et un* euros. | *22* | → C'est *vingt-deux* euros. |
| *33* | → C'est *trente-trois* euros. | *1* | → C'est *un* euro. |

---

**081**

フランス語には「安い」という言葉がありません。その代わりに bon marché「お値打ち」と言います。

Ça, c'est cher ! こちらは高い！　Ça, c'est bon marché ! こちらはお買い得だわ。

**4** 例にならって足し算の質問に答えてください。　**082**

10 + 15, ça fait combien ?　　　10 + 15 はいくつですか？

→ **Ça fait vingt-cinq.**　　　25 です。

[À vous !]

13 + 18, ça fait combien ?　→ **Ça fait trente et un.**

9 + 29, ça fait combien ?　→ **Ça fait trente-huit.**

14 + 12, ça fait combien ?　→ **Ça fait vingt-six.**

16 + 21, ça fait combien ?　→ **Ça fait trente-sept.**

31 + 5, ça fait combien ?　→ **Ça fait trente-six.**

24 + 15, ça fait combien ?　→ **Ça fait trente-neuf.**

**5** 例にならって値段を答えてください。　**083**

Ce stylo, c'est combien ?　　このペンはいくらですか？

*16*　→ **C'est seize euros.**　16 ユーロです。

[À vous !]

Ce sac, c'est combien ?　*20*　→ **C'est *vingt* euros.**

Ce livre, c'est combien ?　*19*　→ **C'est *dix-neuf* euros.**

Cet agenda, c'est combien ?　*10*　→ **C'est *dix* euros.**

Ces agendas, c'est combien ?　*21*　→ **C'est *vingt et un* euros.**

Cette trousse, c'est combien ?　*31*　→ **C'est *trente et un* euros.**

Cette montre, c'est combien ?　*34*　→ **C'est *trente-quatre* euros.**

Ces mouchoirs, c'est combien ?　*39*　→ **C'est *trente-neuf* euros.**

**084**

複母音字③ -1 eu / œu [ø]

「ウ」に近い音ですが、口を突き出し、「オ」と「エ」を同時に言うようなつもりで発音してみましょう。　un eu**ro**　deux eu**ros**

注意！ Il est une h**eu**re.　同じ綴り字でも [œ] は口が開きます（p.53 参照）。

# 人や物を描写する（1）

### Elle a les yeux verts.

音声をよく聞き、繰り返し声に出して覚えましょう 🎧085

| | |
|---|---|
| Il est comment ? | 彼はどんな人ですか？ |
| – Il est sympa. | – 彼は感じの良い人です。 |
| – Il est grand et mince. | – 彼は背が高くスマートです。 |
| Ils sont petits ? | 彼らは背が低いですか？ |
| – Non, ils sont grands. | – いいえ、彼らは背が高いです。 |
| Elle est un peu grosse. | 彼女は少し太っています。 |
| Il est très gros. | 彼はとても太っています。 |
| Elles ne sont pas très grandes. | 彼女たちはあまり背が高くありません。 |
| Il a les yeux bleus et les cheveux courts. | 彼は目が青く髪は短いです。 |
| Elle a les yeux verts et les cheveux longs. | 彼女は目は緑色で髪は長いです。 |
| Ils n'ont pas les cheveux blonds. | 彼らは金髪ではありません。 |
| Elles n'ont pas les cheveux bruns. | 彼女たちの髪は茶色ではありません。 |

★形容詞は修飾する名詞の性と数によって形が変わります。

**1** 例にならって、単数形を複数形に言いかえてください。 🎧086

| | | |
|---|---|---|
| Il est grand. | → **Ils sont grands.** | 彼らは背が高い。 |
| Elle est grande. | → **Elles sont grandes.** | 彼女たちは背が高い。 |

（À vous !）

| | | |
|---|---|---|
| Il est petit. | → **Ils sont petits.** | |
| Elle est petite. | → **Elles sont petites.** | |
| Il est gros. | → **Ils sont gros.** | |
| Elle est grosse. | → **Elles sont grosses.** | |
| Il est sympa. | → **Ils sont sympa.** | |
| Elle est sympa*. | → **Elles sont sympa.** | ＊ sympa は不変化 |

**2** 例にならって言いかえてください。 🎧087

Elles sont très grandes. 　　　　　　　　　彼女たちはとても背が高い。

| ils sont | → *Ils sont* très grands. | 彼らはとても背が高い。 |

À vous !

Ils sont très grands.

| elle est | → *Elle est* très grande. |
| sympa | → Elle est très *sympa*. |
| ils sont | → *Ils sont* très sympa. |
| minces | → Ils sont très *minces*. |
| elles sont | → *Elles sont* très minces. |
| un peu grosses | → Elles sont *un peu grosses*. |
| il est | → *Il est* un peu gros. |
| un peu petit | → Il est *un peu petit*. |
| ils sont | → *Ils sont* un peu petits. |

**3** 例にならって、単数形を複数形に言いかえてください。  🎧088

Elle n'a pas les cheveux courts.　　　　　　彼女は短い髪ではありません。

→ **Elles n'ont pas les cheveux courts.**　　彼女たちは短い髪ではありません。

À vous !

| Il a les cheveux blonds. | → Ils ont les cheveux blonds. |
| Elle a les cheveux bruns. | → Elles ont les cheveux bruns. |
| Il n'a pas les yeux bleus. | → Ils n'ont pas les yeux bleus. |
| Elle n'a pas les yeux verts. | → Elles n'ont pas les yeux verts. |
| Il a les cheveux courts. | → Ils ont les cheveux courts. |
| Elle a les cheveux longs. | → Elles ont les cheveux longs. |

🎧089

──────── 鼻母音③ [õ] ────────

　　口をすぼめて発音し、後は鼻に響かせて終わる音です。綴り字は on / om ですが、n があっても舌は動かず、m があっても口は閉じません。つまり、nom も non も同じ音になります。教科書や辞書によっては [ɔ̃] とも書かれます。

　　**non**　　**nom** 名前　　**le Japon**　　**Nous avons faim.**

　　**mon numéro de compte** 私の銀行口座　　**J'habite à Lyon.**

　　**Ils ont mal à la tête.** 彼らは頭が痛い。

# 情報を求める

## Tu aimes quelle équipe de foot ?

音声をよく聞き、繰り返し声に出して覚えましょう　🎧090

| | |
|---|---|
| **Quel est son nom ?** | 彼のお名前は？ |
| **– C'est Gilles Martin.** | – ジル・マルタンです。 |
| **Quelle est votre profession ?** | あなたのご職業は？ |
| **– Je suis avocat.** | – 弁護士です。 |
| **Quelle est votre chanson préférée ?** | あなたの好きな歌は何ですか？ |
| **– C'est *Le portrait* de Calogero.** | – カロジェロの「肖像」です。 |
| **Vous aimez quelles fleurs ?** | どんな花が好きですか？ |
| **– J'aime les roses.** | – バラが好きです。 |
| **Vous aimez quel acteur ?** | どんな俳優が好きですか？ |
| **– J'aime Vincent Cassel.** | – ヴァンサン・カッセルが好きです。 |

**adresse** [f] 住所　　　　　　　　**adresse e-mail** [f] メールアドレス

**numéro de téléphone** [m] 電話番号　　**couleur** [f] 色

**film** [m] (1本1本の)映画　**boisson** [f] 飲み物　**équipe de foot** [f] サッカーチーム

**écrivain** [n] 作家　　　**cinéaste** [n] 映画監督　**émission** [f] 番組

---

**1** 例にならって言いかえてください。　🎧091

Quel est votre nom ?　　　　　　　　　　あなたのお名前は？

　*votre profession*　　　→ **Quelle est *votre profession* ?**　　（職業）

[À vous !]

Quelle est votre profession ?

　*votre adresse*　　　　　　→ **Quelle est *votre adresse* ?**

　*votre nationalité*　　　　　→ **Quelle est *votre nationalité* ?**

　*votre numéro de téléphone*　→ **Quel est *votre numéro de téléphone* ?**

　*votre adresse e-mail*　　　→ **Quelle est *votre adresse e-mail* ?**

**2** 例にならって言いかえてください。 🎧092

Quelle est votre chanson préférée ?　　　　　　あなたの好きな歌は何ですか？

   *votre film préféré*　　　　→ **Quel est *votre film préféré* ?**　　　(映画)

( À vous ! )

Quel est votre film préféré ?

   *votre boisson préférée*　　　→ **Quelle est *votre boisson préférée* ?**

   *votre écrivain préféré*　　　→ **Quel est *votre écrivain préféré* ?**

   *votre cinéaste préféré*　　　→ **Quel est *votre cinéaste préféré* ?**

   *votre émission préférée*　　　→ **Quelle est *votre émission préférée* ?**

   *votre équipe de foot préférée* → **Quelle est *votre équipe de foot préférée* ?**

**3** 例にならって言いかえてください。 🎧093

Vous aimez quelles fleurs ?　　　　　　　　どんな花が好きですか？

   *film*　　　　　　→ **Vous aimez quel *film* ?**　　どんな映画が好きですか？

   *« Léon »*　　　　→ **J'aime *« Léon »*.**　　　　『レオン』が好きです。

( À vous ! )

Vous aimez quel acteur ?

   *Jean Reno*　　→ **J'aime *Jean Reno*.**

  *équipe de foot*　→ **Vous aimez quelle *équipe de foot* ?**

   *l'OM\**　　　→ **J'aime *l'OM*.**

  *couleur*　　　→ **Vous aimez quelle *couleur* ?**

   *le rouge*　　→ **J'aime *le rouge*.**

  *cinéaste*　　→ **Vous aimez quel *cinéaste* ?**

   *Luc Besson*　→ **J'aime *Luc Besson*.**

  *écrivain*　　→ **Vous aimez quel *écrivain* ?**

   *Victor Hugo*　→ **J'aime *Victor Hugo*.**

＊ OM : l'Olympique de Marseille オランピック・マルセイユ (有名なサッカーチーム)

🎧094
――――――― 複母音字④ ou [u] ―――――――

ou は「オウ」にはなりません。「ウ」に近いですが、深い音です。

**Bonj<u>ou</u>r.**　　**v<u>ou</u>s**　　**V<u>ou</u>s aimez quelle c<u>ou</u>leur ? – J'aime le r<u>ou</u>ge.**

# 規則動詞の発音練習

## Ils habitent à Nagoya.

**1** 例にならって言いかえてください。　　　　　　　　　　　🎧095

vous dansez　（踊る）　　　　→ **je danse**

[À vous !]

vous parlez　（話す）　　　　→ **je parle**

vous habitez　（住んでいる）　→ **j'habite**

vous travaillez（働く）　　　　→ **je travaille**

vous chantez　（歌う）　　　　→ **je chante**

vous regardez　（見る）　　　　→ **je regarde**　　　┌─────────────┐
　　　　　　　　　　　　　　　　　　　　　　　│ vous と je の活用形を │
vous donnez　（与える）　　　　→ **je donne**　　　│ 入れかえましょう。　│
　　　　　　　　　　　　　　　　　　　　　　　└─────────────┘
vous mangez　（食べる）　　　　→ **je mange**

vous aimez　（好き）　　　　　→ **j'aime**

vous écoutez　（聞く）　　　　→ **j'écoute**

vous étudiez　（勉強する）　　　→ **j'étudie**

vous arrivez　（到着する）　　　→ **j'arrive**

**2** 例にならって言いかえてください。　　　　　　　　　　　🎧096

je danse　（踊る）　　　　　→ **vous dansez**

[À vous !]

je parle　（話す）　　　　　→ **vous parlez**

j'habite　（住んでいる）　　→ **vous habitez**

je travaille　（働く）　　　　→ **vous travaillez**

je chante　（歌う）　　　　　→ **vous chantez**

je regarde　（見る）　　　　　→ **vous regardez**　　┌─────────────┐
　　　　　　　　　　　　　　　　　　　　　　　│ je と vous の活用形 │
je donne　（与える）　　　　→ **vous donnez**　　│ を入れかえましょう。│
　　　　　　　　　　　　　　　　　　　　　　　└─────────────┘
je mange　（食べる）　　　　→ **vous mangez**

j'aime　（好き）　　　　　　→ **vous aimez**

j'écoute　（聞く）　　　　　→ **vous écoutez**

j'étudie　（勉強する）　　　→ **vous étudiez**

j'arrive　　　　（到着する）　　→ **vous arrivez**

**3** 例にならって言いかえてください。　　　　　　　　🎧097

vous dansez　　　（踊る）　　　→ **il danse**

[ À vous ! ]

vous parlez　　　（話す）　　　→ **il parle**

vous habitez　　　（住んでいる）　→ **il habite**

vous travaillez　　（働く）　　　→ **il travaille**

vous chantez　　　（歌う）　　　→ **il chante**

vous regardez　　　（見る）　　　→ **il regarde**

vous donnez　　　（与える）　　→ **il donne**

vous mangez　　　（食べる）　　→ **il mange**

vous aimez　　　　（好き）　　　→ **il aime**

vous écoutez　　　（聞く）　　　→ **il écoute**

vous étudiez　　　（勉強する）　→ **il étudie**

vous arrivez　　　（到着する）　→ **il arrive**

> vous と il の活用形を
> 入れかえましょう。

**4** 例にならって言いかえてください。　　　　　　　　🎧098

nous dansons　　　（踊る）　　　→ **ils dansent**

[ À vous ! ]

nous parlons　　　（話す）　　　→ **ils parlent**

nous habitons　　　（住んでいる）→ **ils habitent**

nous travaillons　　（働く）　　　→ **ils travaillent**

nous chantons　　　（歌う）　　　→ **ils chantent**

nous regardons　　（見る）　　　→ **ils regardent**

nous donnons　　　（与える）　　→ **ils donnent**

nous mangeons*　　（食べる）　　→ **ils mangent**

nous aimons　　　（好き）　　　→ **ils aiment**

nous écoutons　　　（聞く）　　　→ **ils écoutent**

nous étudions　　　（勉強する）　→ **ils étudient**

nous arrivons　　　（到着する）　→ **ils arrivent**　＊この綴り字については p.51 参照

> nous と ils の活用形
> を入れかえましょう。
> ils の活用語尾の読
> まない文字に慣れま
> しょう。

49

# 行き先を伝える

## Tu vas souvent au cinéma ?

音声をよく聞き、繰り返し声に出して覚えましょう 🎧099

| | |
|---|---|
| **Je vais à Tokyo.** | 私は東京に行きます。 |
| **Je vais à la banque.** | 私は銀行に行きます。 |
| **Tu vas souvent au restaurant ?** | 君はよく外食するの？ |
| **Il va aux Champs-Élysées.** | 彼はシャンゼリゼ通りに行きます。 |
| **Elle va à l'aéroport.** | 彼女は空港へ行きます。 |
| **Nous allons au commissariat.** | 私たちは警察署に行きます。 |
| **Vous allez à l'hôtel maintenant ?** | 今、ホテルに行くところですか？ |
| **Ils vont au musée aujourd'hui.** | 今日、彼らは美術館に行きます。 |
| **Elles vont à la gare.** | 彼女たちは駅へ行きます。 |
| **Ils vont aux toilettes.** | 彼らはトイレに行きます。 |

★場所を表す前置詞 à は定冠詞と結合して、形が変わります。

| | | |
|---|---|---|
| au (= à + le) | ＋男性単数名詞 | （母音および無音の h の前では à l'） |
| à la | ＋女性単数名詞 | （母音および無音の h の前では à l'） |
| aux (= à + les) | ＋男性・女性複数名詞 | |

---

**1** 例にならって言いかえてください。 🎧100

Il va au cinéma. 彼は映画に行く。

 *au restaurant*    → **Il va *au restaurant*.**   （レストランに）

[À VOUS !]

Ils vont au restaurant.

 *à l'aéroport*    → **Ils vont *à l'aéroport*.**

 *elle va*    → ***Elle va* à l'aéroport.**

 *à l'hôtel*    → **Elle va *à l'hôtel*.**

 *tu vas*    → ***Tu vas* à l'hôtel.**

 *au musée*    → **Tu vas *au musée*.**

 *elles vont*    → ***Elles vont* au musée.**

 *à la banque*    → **Elles vont *à la banque*.**

| *vous allez* | → *Vous allez* à la banque. |
| *au commissariat* | → **Vous allez *au commissariat*.** |
| *je vais* | → ***Je vais*** au commissariat. |
| *à l'école* | → **Je vais *à l'école*.** |
| *nous allons* | → ***Nous allons*** à l'école. |
| *aux toilettes* | → **Nous allons *aux toilettes*.** |
| *il va* | → ***Il va*** aux toilettes. |
| *aux Champs-Élysées* | → **Il va *aux Champs-Élysées*.** |

**2** 例にならって行き先を答えてください。 🎧**101**

Vous allez où ?  どこへ行くのですか？

| *la banque* | → **Je vais *à la banque*.** | （銀行） |

(À vous !)

| Vous allez où ? | *le cinéma* | → **Je vais *au cinéma*.** |
| Vous allez où ? | *l'aéroport* | → **Je vais *à l'aéroport*.** |
| Vous allez où ? | *le restaurant* | → **Je vais *au restaurant*.** |
| Vous allez où ? | *la poste* | → **Je vais *à la poste*.** |
| Vous allez où ? | *le musée* | → **Je vais *au musée*.** |
| Vous allez où ? | *le commissariat* | → **Je vais *au commissariat*.** |
| Vous allez où ? | *les Champs-Élysées* | → **Je vais *aux Champs-Élysées*.** |
| Vous allez où ? | *la gare* | → **Je vais *à la gare*.** |

🎧**102**

---

### g の読み方 [g] / [ʒ]

g の後ろにくる母音で音が変わります。a, o, u なら [g]、e や i なら [ʒ] です。

|  | **g + a** | **garçon** | **la gare** |
| **[g]** | **g + o** | **gomme** | **gourmet** グルメ |
|  | **g + u** | **fatigué(e)** | **guide** ガイド | **guerre** 戦争 |

|  | **g + e** | **il neige** 雪が降る | **manger** 食べる |
| **[ʒ]** | **g + i** | **la Belgique** | **hygiène** 衛生 |
|  | **g + y** | **gymnase** 体操 |

**gea, geo** は [ʒ] となります。

**orangeade** オレンジエード  **bourgeois** ブルジョワ

**manger** 食べる → **Nous** ~~mangons~~ → **Nous mangeons**

---

# 数字の練習 40-59

## Il est quelle heure ?

| 40 | 41 | 42 | 43 | ...... | 49 |
|----|----|----|----|--------|----|
| quarante | quarante et un | quarante-deux | quarante-trois | | quarante-neuf |
| 50 | 51 | 52 | 53 | ...... | 59 |
| cinquante | cinquante et un | cinquante-deux | cinquante-trois | | cinquante-neuf |

| | |
|---|---|
| Il est quelle heure ? | 今、何時ですか？ |
| Il est deux heures et demie du matin. | 今は朝の 2 時半です。 |
| Il est six heures et quart du soir. | 今は夕方の 6 時 15 分です。 |
| Il est midi moins le quart. | 今は 12 時 15 分前です。 |
| Il est minuit moins dix. | 今は零時 10 分前です。 |
| Vous partez à quelle heure ? | あなたは何時に出発しますか？ |
| – Je pars à vingt heures quarante. | – 私は 20 時 40 分に出発します。 |

**1** ポーズの間に奇数を発音してください。　🎧104

40 ___ 42 ___ 44 ___ 46 ___ 48 ___ 50 ___ 52 ___ 54 ___ 56 ___ 58 ___

**2** ポーズの間に偶数を発音してください。チャイムが鳴ったら始めましょう。　🎧105

♪ ___ 41 ___ 43 ___ 45 ___ 47 ___ 49 ___ 51 ___ 53 ___ 55 ___ 57 ___ 59

**3** heure(s) との音のつながりに注意し、例にならって時刻を答えてください。　🎧106

Il est quelle heure ?　　　　　　　　　　　　　　　　　　今、何時ですか？

*1* → Il est *une* heure.　　　　　　　　　　　　　　　　1 時です。

[ À vous ! ]

Il est quelle heure ?

| | |
|---|---|
| *2* → Il est *deux* heures. | *3* → Il est *trois* heures. |
| *4* → Il est *quatre* heures. | *5* → Il est *cinq* heures. |
| *6* → Il est *six* heures. | *7* → Il est *sept* heures. |
| *8* → Il est *huit* heures. | *9* → Il est *neuf* heures. |
| *10* → Il est *dix* heures. | *11* → Il est *onze* heures. |

**4** 12 時間制を 24 時間制に言いかえてください。 🎧107

Il est onze heures et demie du soir.                              今は夜の 11 時半です

→ **Je pars à 23h30.**                                    私は 23 時 30 分に出発します。

(À vous !)

Il est sept heures et quart du soir.          → **Je pars à 19h15.**

Il est midi moins le quart.                   → **Je pars à 11h45.**

Il est une heure et demie de l'après-midi.    → **Je pars à 13h30.**

Il est dix heures moins dix du soir.          → **Je pars à 21h50.**

Il est minuit vingt.                          → **Je pars à 0h20.**


**5** 例にならって時刻を答えてください。 🎧108

Vous partez à quelle heure ?                              何時に出発しますか？

*à 16h42* → **Je pars à seize heures quarante-deux**  16 時 42 分に出発します。

(À vous !)

Vous partez à quelle heure ?

*à 13h55*          → **Je pars à treize heures cinquante-cinq.**

Vous partez à quelle heure ?

*à 14h16*          → **Je pars à quatorze heures seize.**

Vous partez à quelle heure ?

*à 21h35*          → **Je pars à vingt et une heures trente-cinq.**

Vous partez à quelle heure ?

*à 15h49*          → **Je pars à quinze heures quarante-neuf.**

Vous partez à quelle heure ?

*à 22h57*          → **Je pars à vingt-deux heures cinquante-sept.**

🎧109

━━━ 複母音字③ -2 eu/œu [œ] ━━━

　この綴り字には、p.43 で見たように口をとがらせて出す音 [ø] と、口をしっかりと開いて出す [œ] の両方があります。今回は口を開くほうの [œ] の音に慣れましょう。語尾の [r] や [f] の前ではよくこの音になります。綴り字は、œ という合字をつかう場合もあれば、eu の場合もあります。

　　**n<u>eu</u>f**　　**Il est chant<u>eu</u>r.**　　**Il est huit h<u>eu</u>res.**

# 文法のページ②

## 1. 動詞 avoir

英語の have に相当する重要な動詞です。「持つ」という意味以外にも、年齢、体の調子、暑い、寒い、お腹が減ったなども表します。

動詞 être とともに過去形を作る際にも用いられますので、肯定形、否定形の活用も暗記しましょう。母音省略やリエゾン、語尾の発音にも注意。🎧110

| avoir | j' ai | nous avons | | je n'ai pas | nous n'avons pas |
|---|---|---|---|---|---|
| | tu as | vous avez | | tu n'as pas | vous n'avez pas |
| | il a | ils ont | | il n'a pas | ils n'ont pas |
| | elle a | elles ont | | elle n'a pas | elles n'ont pas |

## 2. 定冠詞 (article défini)

英語の the に相当する冠詞です。定冠詞は、名詞が母音や無音の h で始まっていると母音省略が起きます。複数形 les は母音もしくは無音の h で始まる語があとにくると、必ずリエゾンします。

| | 単数 | | 複数 | |
|---|---|---|---|---|
| 男性名詞 | **le** cinéma | **l'**hôtel | **les** cinémas | **les** hôtels |
| 女性名詞 | **la** photo | **l'**école | **les** photos | **les** écoles |

**役割その①**

1つしかないもの (*le* soleil 太陽) や、特定されているもの (*le* sac de Jean ジャンのカバン)、すでに話に出てものなどを表します。

**役割その②**

フランス語の定冠詞は、その名詞のカテゴリー全体を総称するようなときにも使います。そのため、好き・嫌いを言うときには必ず定冠詞が必要になります。

J'aime *le* café. 私はコーヒー (というもの) が好きだ。

## 3. 動詞 aller

英語の go に相当します。語尾は er で終わっていますが、-er 動詞ではなく不規則動詞です。利用範囲の広い動詞です。

★「行く」　　　　　　　　Je *vais* à Paris. 私はパリに行く。

★「元気である、順調である」　Vous *allez* bien ? お元気ですか？　　Ça *va* ? 元気？

★〈aller + 他の動詞の不定詞〉で「〜する予定だ」「〜となるだろう」という近い

未来を表します。Je *vais* habiter à Paris. 私はパリに住む予定です。

| aller | je vais | nous allons | je ne vais pas | nous n'allons pas |
|---|---|---|---|---|
| | tu vas | vous allez | tu ne vas pas | vous n'allez pas |
| | il / elle va | ils / elles vont | il/elle ne va pas | ils/elles ne vont pas |

## 4. 動詞 faire

英語の do や make に相当する重要な動詞で、「〜する」「作る」などを意味します。

★ 天気の表現では非人称の il と共に用います。**Il *fait*** beau. 天気がいい。

★ 職業をきくときにも用います。Qu'est-ce que vous *faites* dans la vie ?

nous と vous の語形に注意。faisons の ai は綴り字の法則からすれば「エ」ですが、例外的に「ウ」に近い音 [ə] で発音します。

112

| faire | je fais | nous faisons [fəzō] |
|---|---|---|
| | tu fais | vous faites [fɛt] |
| | il / elle fait | ils / elles font |

## 5. 形容詞 (adjectifs)

形容詞は修飾する名詞の性と数に合わせて変化します。名詞に直接付加するときには、基本的には名詞のあとにつけます。

C'est un étudiant *français*.　　　C'est une étudiante *française*.

Ce sont des étudiants *français*.　Ce sont des étudiantes *françaises*.

しかし、「大きい」「小さい」など、短くて日常よく使う形容詞は名詞の前に置きます。ただし色に関する形容詞は短くても名詞のあとに置きます。

un *grand* dictionnaire 大きな辞書　　les yeux *bleus* 青い目

## 6. 前置詞 à と定冠詞の結合形 (縮約形)

前置詞 à は英語の in, at, to などに相当し、「〜へ」「〜に」などを意味します。定冠詞 le, les と結合すると、形が変わります。

| au (= à + le) | + 男性単数名詞 | (母音および無音の h の前では à l') |
|---|---|---|
| à la | + 女性単数名詞 | (母音および無音の h の前では à l') |
| aux (= à + les) | + 男性・女性複数名詞 | |

ただし国名につくは、女性形が en に変わり、à la とはなりません。

# 天気について話す

## Il fait froid en hiver à Strasbourg.

音声をよく聞き、繰り返し声に出して覚えましょう 🎧113

| | |
|---|---|
| Il fait quel temps aujourd'hui à Paris ? | パリは今日どんな天気ですか？ |
| – Il fait beau aujourd'hui. | – 今日は晴れています。 |
| Il fait bon et doux au printemps. | 春は気持ちのいい天気で暖かいです。 |
| Il fait chaud en été. | 夏は暑いです。 |
| Il fait frais en automne. | 秋は涼しいです。 |
| Il fait froid en hiver. | 冬は寒いです。 |
| Il fait mauvais ce matin. | 今朝は天気が悪いです。 |
| Il fait nuageux cet après-midi. | 今日の午後は雲っています。 |
| Il fait humide ce soir. | 今夜は湿度が高いです。 |

★天気表現には非人称表現を用います。Il はここでは彼ではありません。

**Il fait beau.**　　　**Il fait nuageux.**　　　**Il pleut.**　　　**Il neige.**

**1** 例にならって言いかえてください。 🎧114

Il fait bon au printemps. 　　　　　　　　　春は気持ちのいいお天気です。

　*il fait beau*　　　　　　　→ *Il fait beau* au printemps.　　（晴れている）

À vous !

Il fait chaud en été.

　*il pleut beaucoup*　　　　→ *Il pleut beaucoup* en été.

　*en automne*　　　　　　　→ Il pleut beaucoup *en automne*.

　*il fait nuageux*　　　　　→ *Il fait nuageux* en automne.

　*ce matin*　　　　　　　　→ Il fait nuageux *ce matin*.

　*il fait humide*　　　　　→ *Il fait humide* ce matin.

　*en hiver*　　　　　　　　→ Il fait humide *en hiver*.

　*il fait froid*　　　　　　→ *Il fait froid* en hiver.

| | |
|---|---|
| *cet après-midi* | → **Il fait froid *cet après-midi*.** |
| *il neige beaucoup* | → ***Il neige beaucoup*** cet après-midi. |
| *aujourd'hui* | → **Il neige beaucoup *aujourd'hui*.** |
| *il fait très humide* | → ***Il fait très humide*** aujourd'hui. |

**2** 例にならって質問に答えてください。　　　　　　　　　🎧115

Il fait quel temps aujourd'hui à Paris ?　　　　　パリは今日どんな天気ですか？

*beau*　　　→ **Il fait *beau* aujourd'hui à Paris.**　　　（晴れている）

[ À vous ! ]

Il fait quel temps ce soir à Tokyo ?

*mauvais*　　　→ **Il fait *mauvais* ce soir à Tokyo.**

Il fait quel temps au printemps à Lyon ?

*doux*　　　→ **Il fait *doux* au printemps à Lyon.**

Il fait quel temps en été à Nice ?

*chaud*　　　→ **Il fait *chaud* en été à Nice.**

Il fait quel temps en automne à Tours ?

*nuageux*　　　→ **Il fait *nuageux* en automne à Tours.**

Il fait quel temps en hiver à Strasbourg ?

*froid*　　　→ **Il fait *froid* en hiver à Strasbourg.**

Il fait quel temps ce matin à Grenoble ?

*il neige*　　　→ ***Il neige* ce matin à Grenoble.**

Il fait quel temps cet après-midi à Lille ?

*il pleut*　　　→ ***Il pleut* cet après-midi à Lille.**

🎧116

──────── 複母音字⑤　au (eau) [o /ɔ] ────────

　au（eauの場合もあります）は「アウ」とは読みません。英語のautomatic(オートマチック)なども思い浮かべてみましょう。「オ」の音には厳密には、口を突き出す狭い「オ」と、口の奥で出す広い「オ」の2種類がありますが、ここではあまり気にせず「au をアウと読んではいけない」ことに注目しましょう。

**<u>Au</u> revoir.**　　　　**cet <u>au</u>tomne**

**Il fait ch<u>au</u>d.**　　**Il neige b<u>eau</u>coup <u>au</u>jourd'hui.**

# リエゾンとアンシェヌマンの発音練習（1）

## Elle est employée.

　リエゾンには、絶対しなければいけない場合と、必ずしもしなくていい場合があります。そして、リエゾン禁止の箇所もあります。

### 1 冠詞と名詞（絶対に必要なリエゾン）

　単独の音を聞いたあと、すぐにリエゾンして発音してください。リエゾンした音声がそのそのあとに聞こえてきます。不定冠詞で練習します。　🎧117

| 空港 | un / aéroport | → **un aéroport** | des / aéroports | → **des aéroports** |
| 男の友人 | un / ami | → **un ami** | des / amis | → **des amis** |
| 木 | un / arbre | → **un arbre** | des / arbres | → **des arbres** |
| 飛行機 | un / avion | → **un avion** | des / avions | → **des avions** |
| 男子学生 | un / étudiant | → **un étudiant** | des / étudiants | → **des étudiants** |
| ホテル | un / hôtel | → **un hôtel** | des / hôtels | → **des hôtels** |
| 病院 | un / hôpital | → **un hôpital** | des / hôpitaux * | → **des hôpitaux** |
| 鳥 | un / oiseau | → **un oiseau** | des / oiseaux | → **des oiseaux** |

＊ -al で終る男性名詞や形容詞は、複数になると -aux になる場合が多い

### 2 前置詞と名詞（絶対に必要なリエゾン）

　定冠詞つきの国名が聞こえたら、すぐに en + 名詞で言いかえましょう。　🎧118

l'Allemagne f　　　　→ **J'habite *en Allemagne*.**

l'Angleterre f　　　　→ **J'habite *en Angleterre*.**

l'Espagne f　　　　　→ **J'habite *en Espagne*.**

l'Inde f　　　　　　→ **J'habite *en Inde*.**

l'Italie f　　　　　　→ **J'habite *en Italie*.**

### 3 指示形容詞と母音で始まる名詞（絶対に必要なリエゾンとアンシェヌマン）

　単独の音を聞いたあと、すぐに音をつないで発音しましょう。　🎧119

| 俳優 | cet / acteur | → **cet acteur** |
| 午後 | cet / après-midi | → **cet après-midi** |
| 男子学生 | cet / étudiant | → **cet étudiant** |
| ホテル | cet / hôtel | → **cet hôtel** |

| | | |
|---|---|---|
| 動物 | cet / animal | → **cet animal** |
| 病院 | cet / hôpital | → **cet hôpital** |
| 学校 | cette / école | → **cette école** |
| 女優 | cette / actrice | → **cette actrice** |
| 女子学生 | cette / étudiante | → **cette étudiante** |
| 教会 | cette / église | → **cette église** |

| | |
|---|---|
| ces / acteurs | → **ces acteurs** |
| ces / étudiants | → **ces étudiants** |
| ces / hôtels | → **ces hôtels** |
| ces / animaux | → **ces animaux** |
| ces / hôpitaux | → **ces hôpitaux** |
| ces / écoles | → **ces écoles** |
| ces / actrices | → **ces actrices** |
| ces / étudiantes | → **ces étudiantes** |
| ces / églises | → **ces églises** |

> 指示形容詞は、男性名詞の
> 基本形は ce ですが、母音
> で始まる名詞の前では cet
> となります。
> 女性形は cette です。
> 複数形は男性形も女性形も
> ces になります。

**4** 絶対に必要なリエゾンではなくても、リエゾンが起きる箇所はかなりあります。

特に動詞 être の活用形や否定の pas の後は要注意です。まずリエゾンなしの音
を聞き、‿ の部分をリエゾンしてみましょう。 🎧**120**

| | |
|---|---|
| Elle est / employée. | → **Elle est‿employée.** |
| Ils sont / italiens. | → **Ils sont‿italiens.** |
| Je suis / américaine. | → **Je suis‿américaine.** |
| Ce n'est pas / un dictionnaire. | → **Ce n'est pas‿un dictionnaire.** |
| Ce n'est pas / une montre. | → **Ce n'est pas‿une montre.** |

**5** リエゾンしてはいけない箇所（**主語名詞と動詞、接続詞 et の後ろなど**）

主語名詞を代名詞に代えて発音しましょう。 🎧**121**

Mes professeurs×habitent à Lyon et×à Paris.

　　→ **Ils‿habitent à Lyon et×à Paris.**

Mes amis×ont deux‿enfants et×un chien.

　　→ **Ils‿ont deux‿enfants et×un chien.**

# 国名の言い方（1）

## Je connais bien l'Angleterre.

音声をよく聞き、繰り返し声に出して覚えましょう　🎧122

| | |
|---|---|
| **Tu connais l'Espagne ?** | 君はスペインを知ってる（＝行ったことある）？ |
| **– Non, je ne connais pas l'Espagne.** | – いや、スペインは知らない（＝行ったことがない）。 |
| **Vous connaissez bien l'Allemagne ?** | ドイツをよくご存知ですか？ |
| **Il connaît bien les États-Unis ?** | 彼は合衆国をよく知っていますか？ |
| **Ils connaissent bien l'Angleterre.** | 彼らはイギリスをよく知っていますか？ |
| **Nous connaissons bien la Grèce.** | 我々はギリシャをよく知っている。 |
| **C'est un beau pays.** | それは美しい国です。 |

★フランス語では、原則として国名にも性別があり定冠詞がつきます。

| | | |
|---|---|---|
| **le Brésil** Ⓜ ブラジル | **le Canada** Ⓜ カナダ | **le Japon** Ⓜ 日本 |
| **le Portugal** Ⓜ ポルトガル | **la Russie** Ⓕ ロシア | **la Belgique** Ⓕ ベルギー |
| **la Chine** Ⓕ 中国 | **la Corée du Sud** Ⓕ 韓国 | **l'Italie** Ⓕ イタリア |
| **les Pays-Bas** 複 オランダ | **les Philippines** 複 フィリピン | |

**1** 例にならって質問に答えてください（否定疑問文への肯定の答え方は p.36 参照）　🎧123

Elle connaît l'Angleterre ?　　　　　　　　彼女はイギリスを知っていますか？

*oui*　　　　　**→ Oui, elle connaît l'Angleterre.**

Tu ne connais pas l'Italie?　　　　　　　　君はイタリアを知らないの？

*si*　　　　　**→ Si, je connais l'Italie.**　　　　いいえ、知ってるわよ。

Il ne connaît pas le Canada ?　　　　　　　彼はカナダを知らないの？

*non*　　　　　**→ Non, il ne connaît pas le Canada.**　うん、知らない。

[ À vous ! ]

Monsieur, vous connaissez l'Italie?

*non*　　　　　**→ Non, je ne connais pas l'Italie.**

Madame, vous ne connaissez pas l'Allemagne ?

*si*　　　　　**→ Si, je connais l'Allemagne.**

Jean, tu connais l'Espagne ?

*oui*　　　　　**→ Oui, je connais l'Espagne.**

Marie, tu ne connais pas le Japon ?

   *si*        → *Si*, **je connais le Japon.**

Ils connaissent les États-Unis ?

   *non*      → *Non*, **ils ne connaissent pas les États-Unis.**

Mayumi et Yuka, vous ne connaissez pas les Pays-Bas ?

   *non*      → *Non*, **nous ne connaissons pas les Pays-Bas.**

Elles connaissent la Belgique ?

   *oui*      → *Oui*, **elles connaissent la Belgique.**

Madame, vous connaissez la Chine ?

   *non*      → *Non*, **je ne connais pas la Chine.**

Vous connaissez la Russie ?

   *non*      → *Non*, **je ne connais pas la Russie.**

**2** 例にならって言いかえてください。 🎧124

  *la France* → **Je connais bien *la France*. C'est un beau pays.**

                 私はフランスをよく知っています。それは美しい国です。

**À vous !**

  *la Belgique*   → **Je connais bien *la Belgique*. C'est un beau pays.**

  *l'Espagne*    → **Je connais bien *l'Espagne*. C'est un beau pays.**

  *l'Allemagne*  → **Je connais bien *l'Allemagne*. C'est un beau pays.**

  *l'Italie*      → **Je connais bien *l'Italie*. C'est un beau pays.**

  *les États-Unis*  → **Je connais bien *les États-Uni*s. C'est un beau pays.**

  *les Philippines* → **Je connais bien *les Philippines*. C'est un beau pays.**

  *les Pays-Bas*  → **Je connais bien *les Pays-Bas*. C'est un beau pays.**

  *la Grèce*     → **Je connais bien *la Grèce*. C'est un beau pays.**

  *le Portugal*   → **Je connais bien *le Portugal*. C'est un beau pays.**

🎧125

---
**gn の読み方 [ɲ]**

原則として「グヌ」にはなりません。「ニュ」に近い音になります。

  **l'Allemagne**    **signe** m しるし    **montagne** f 山

  **l'Espagne**     **signature** f 署名    **magnétisme** m 磁気

---

# 人や物を描写する（2）

## C'est un nouvel étudiant.

| | |
|---|---|
| C'est un petit restaurant français. | これは小さなフレンチレンストランです。 |
| C'est une petite voiture française. | これは小さなフランス製の車です。 |
| C'est un bon roman américain. | これはアメリカの良い小説です。 |
| C'est un nouveau restaurant. | これは新しいレストランです。 |
| C'est un nouvel* hôpital. | これは新しい病院です。 |
| C'est une nouvelle école américaine. | これは新しいアメリカの学校です。 |
| Ce sont de nouveaux restaurants. | これらは新しいレストランです。 |
| Ce sont de nouveaux hôpitaux. | これらは新しい病院です。 |
| Ce sont de belles villes. | これらは美しい町です。 |

＊形容詞の中には、名詞の前に置かれるとき、2つの男性形単数をもつものがいくつか
あります。名詞が母音で始まるときには要注意です。表をご覧ください。

| 男性形単数 | 女性形単数 | 男性形複数 | 女性形複数 | |
|---|---|---|---|---|
| nouveau | nouvel | nouvelle | nouveaux | nouvelles | 新しい |
| beau | bel | belle | beaux | belles | 美しい |

**1** 例にならって言いかえてください。　　🎧127

C'est un petit restaurant français.　　　　これは小さなフレンチレストランです。

*une voiture*　　→ **C'est une petite *voiture* française.**　（小さなフランス製の車）

【 À vous ! 】

C'est une petite voiture française.

*un magasin*　　　　→ **C'est un petit *magasin* français.**

*italien*　　　　　　→ **C'est un petit magasin *italien*.**

*bon*　　　　　　　→ **C'est un *bon* magasin italien.**

*une école*　　　　→ **C'est une bonne *école* italienne.**

*grande*　　　　　→ **C'est une *grande* école italienne.**

*roman*　　　　　　→ **C'est un grand *roman* italien.**

*français*　　　　　→ **C'est un grand roman *français*.**

*mauvais*          → **C'est un *mauvais* roman français.**

**2** 例にならって言いかえてください。　　　　　　　　　　🎧**128**

C'est un nouveau restaurant.　　　　　　　　　これは新しいレストランです。

*une voiture*　　　→ **C'est une nouvelle *voiture*.**　　　　　　（車）

（À vous !）

C'est une nouvelle boutique.

   *un hôpital*　　　→ **C'est un nouvel *hôpital*.**

   *une école*　　　→ **C'est une nouvelle *école*.**

   *un restaurant*　　→ **C'est un nouveau *restaurant*.**

   *un étudiant*　　→ **C'est un nouvel *étudiant*.**

   *un hôtel*　　　→ **C'est un nouvel *hôtel*.**

   *une ville*　　　→ **C'est une nouvelle *ville*.**

**3** 例にならって複数形に言いかえてください。　　　　　🎧**129**

C'est un nouveau restaurant.　　　→ **Ce sont de nouveaux restaurants.**

（À vous !）

C'est un nouvel hôpital.　　　　→ **Ce sont de nouveaux hôpitaux.**

C'est une nouvelle école.　　　→ **Ce sont de nouvelles écoles.**

C'est un beau magasin.　　　　→ **Ce sont de beaux magasins.**

C'est un bon livre.　　　　　　→ **Ce sont de bons livres.**

C'est une grande ville.　　　　→ **Ce sont de grandes villes.**

C'est une mauvaise voiture.　　→ **Ce sont de mauvaises voitures.**

C'est une belle maison.　　　　→ **Ce sont de belles maisons.**

🎧**130**

### ill の読み方 [j]

原則として ill の綴り字は [l] ではなく、半母音となり [j] で発音します。

**Marseille** [marsɛj]　　**ma fa*mille*** [famij]　　**ma fi*lle*** [fij] 私の娘

**je trav*aille*** [travaj]

例外的に [l] で発音する単語もあります。

**une ville** [vil] 町　　**tranquille** [trɑ̃kil] 静かな　　**mille** [mil] 1000

# 数字の練習 60-79
## Ça fait soixante-quinze euros soixante.

音声をよく聞き、繰り返し声に出して覚えましょう　🎧131

| 60 | 61 | 62 | 63 | 64 |
|---|---|---|---|---|
| soixante | soixante et un | soixante-deux | soixante-trois | soixante-quatre |
| 65 | 66 | 67 | 68 | 69 |
| soixante-cinq | soixante-six | soixante-sept | soixante-huit | soixante-neuf |
| 70 | 71 | 72 | 73 | 74 |
| soixante-dix | soixante et onze | soixante-douze | soixante-treize | soixante-quatorze |
| 75 | 76 | 77 | 78 | 79 |
| soixante-quinze | soixante-seize | soixante-dix-sept | soixante-dix-huit | soixante-dix-neuf |

★ 60 以上は 20 進法です。70 は 60+10 です。79 は 60+19 です。

| | |
|---|---|
| Ton grand-père a quel âge ? | 君のおじいさんのお年はいくつ？ |
| Ta grand-mère a quel âge ? | 君のおばあさんのお年はいくつ？ |
| Ça fait combien ? | 全部でいくらになりますか？ |

**1** ポーズの間に奇数を発音してください。　🎧132

60 __ 62 __ 64 __ 66 __ 68 __ 70 __ 72 __ 74 __ 76 __ 78 __

**2** ポーズの間に偶数を発音してください。チャイムのあとに始めましょう。　🎧133

♪ __ 61 __ 63 __ 65 __ 67 __ 69 __ 71 __ 73 __ 75 __ 77 __ 79

**3** 足し算に答えてください。　🎧134

| 60 + 11, ça fait combien ? | → Ça fait soixante et onze. |
|---|---|
| 60 + 12, ça fait combien ? | → Ça fait soixante-douze. |
| 60 + 13, ça fait combien ? | → Ça fait soixante-treize. |
| 60 + 14, ça fait combien ? | → Ça fait soixante-quatorze. |
| 60 + 15, ça fait combien ? | → Ça fait soixante-quinze. |
| 60 + 16, ça fait combien ? | → Ça fait soixante-seize. |
| 60 + 17, ça fait combien ? | → Ça fait soixante-dix-sept. |

60 + 18, ça fait combien ?      → **Ça fait soixante-dix-huit.**

60 + 19, ça fait combien ?      → **Ça fait soixante-dix-neuf.**

**4** 例にならって年齢を答えてください。      🎧135

Ta mère a quel âge ?      君のお母さんのお年はいくつ？

  *60*    → **Elle a soixante ans.**    60 歳だよ。

[ À vous ! ]

  Ta grand-mère a quel âge ?    *64*  → **Elle a soixante-quatre ans.**

  Ton père a quel âge ?    *79*  → **Il a soixante-dix-neuf ans.**

  Ta grand-mère a quel âge ?    *75*  → **Elle a soixante-quinze ans.**

  Ton grand-père a quel âge ?    *62*  → **Il a soixante-deux ans.**

  Ta mère a quel âge ?    *66*  → **Elle a soixante-six ans.**

  Ton grand-père a quel âge ?    *76*  → **Il a soixante-seize ans.**

**5** 本を見ないで、電話番号を聞きとりましょう。      🎧136

Quel est votre numéro de téléphone ?    あなたの電話番号は何番ですか？

  → **C'est le 03 29 76 51 22.**

  → **C'est le 04 21 43 71 37.**

  → **C'est le 06 56 34 14 16.**

  → **C'est le 01 69 51 47 55.**

  → **C'est le 04 66 48 57 29.**

  → **C'est le 07 78 63 75 44.**

**6** 本を見ないで、値段を聞きとりましょう。      🎧137

C'est combien ?    *78,50 €*  → **C'est soixante-dix-huit euros cinquante.**

C'est combien ?    *71,30 €*  → **C'est soixante et onze euros trente.**

C'est combien ?    *56,40 €*  → **C'est cinquante-six euros quarante.**

Ça fait combien ?    *63,20 €*  → **Ça fait soixante-trois euros vingt.**

Ça fait combien ?    *75,60 €*  → **Ça fait soixante-quinze euros soixante.**

# 国名の言い方（2）

## On parle français et anglais au Canada.

| | |
|---|---|
| **Vous travaillez en Chine ?** | あなたは中国で働いていますか？ |
| **– Oui, je travaille à Pékin.** | – はい、北京で働いています。 |
| **Tu vas souvent au Brésil ?** | 君はよくブラジルに行くの？ |
| **Elle habite en France.** | 彼女はフランスに住んでいます。 |
| **Nous habitons en Israël.** | 私たちはイスラエルに住んでいます。 |
| **Il travaille en Angleterre.** | 彼はイギリスで働いています。 |
| **On parle quelle langue au Canada ?** | カナダではどんな言語を話しますか？ |
| **– On parle français et anglais au Canada.** | – カナダではフランス語と英語を話します。 |

au + 男性単数国名
  **au Japon / au Canada / au Cambodge / au Portugal**
en [ɑ̃] + 女性単数国名（à la にはならないので注意！）
  **en Italie / en Chine  / en Corée / en Angleterre / en Allemagne**
en [ɑ̃] + 母音で始まる男性単数国名
  **en Iran / en Iraq (Irak) / en Israël**
aux + 複数で表記する国名
  **aux États-Unis / aux Pays-Bas / aux Philippines**

**1** 例にならって言いかえてください。人名は主語代名詞にしましょう。　🎧139

Il travaille en Italie.　　　　　　　　　　　　　彼はイタリアで働いています。

　*vous travaillez*　　　　　　　　**→ *Vous travaillez* en Italie.**

(À vous !)

Vous travaillez en Italie.

　*au Japon*　　　　　　　　**→ Vous travaillez *au Japon*.**

　*Marie habite*　　　　　　　　**→ *Elle habite* au Japon.**

　*au Canada*　　　　　　　　**→ Elle habite *au Canada*.**

　*vous ne travaillez pas*　　　　**→ *Vous ne travaillez pas* au Canada.**

　*en Iran*　　　　　　　　**→ Vous ne travaillez pas *en Iran*.**

　*tu travailles*　　　　　　　　**→ *Tu travailles* en Iran.**

| | |
|---|---|
| *en Allemagne* | → **Tu travailles e*n Allemagne*.** |
| *je n'habite pas* | → ***Je n'habite pas** en Allemagne.* |
| *au Cambodge* | → **Je n'habite pas *au Cambodge*.** |
| *ils vont souvent* | → ***Ils vont souvent** au Cambodge.* |
| *en Angleterre* | → **Ils vont souvent *en Angleterre*.** |
| *Elle va souvent* | → ***Elle va souvent** en Angleterre.* |
| *aux États-Unis* | → **Elle va souvent *aux États-Unis*.** |
| *Marie et Élodie travaillent* | → ***Elles travaillent** aux États-Unis.* |
| *au Portugal* | → **Elles travaillent *au Portugal*.** |
| *nous travaillons* | → ***Nous travaillons** au Portugal.* |
| *en Belgique* | → **Nous travaillons *en Belgique*.** 🎧140 |

---

フランス語には on という便利な主語があります。英語の we, you, they, someone
などを表します。活用は il, elle と同じです。

***On** parle français en France.* 　フランスではフランス語を喋ります。

***On** va à Kyoto ?* 　　　　　　　　京都へ行く？

---

**2** 例にならって言いかえてください。　　　　　　　　　　🎧141

On parle quelle langue au Japon ? 　　　　　日本ではどんな言語を話しますか？

　*japonais* 　　　　　→ **On parle *japonais* au Japon.** 　　（日本語）

[À vous !]

On parle quelle langue au Canada ?

　*anglais et français* 　→ **On parle *anglais et français* au Canada.**

On parle quelle langue en Espagne ?

　*espagnol* 　　　　　→ **On parle *espagnol* en Espagne.**

On parle quelle langue en Italie ?

　*italien* 　　　　　　→ **On parle *italien* en Italie.**

On parle quelle langue en Allemagne ?

　*allemand* 　　　　　→ **On parle *allemand* en Allemagne.**

On parle quelle langue en Angleterre ?

　*anglais* 　　　　　　→ **On parle *anglais* en Angleterre.**

# 曜日についてやりとりする

## Qu'est-ce que vous faites le dimanche ?

音声をよく聞き、繰り返し声に出して覚えましょう　🎧142

| | |
|---|---|
| C'est quel jour aujourd'hui ? | 今日は何曜日ですか？ |
| – Aujourd'hui, c'est lundi. | – 今日は月曜日です。 |
| Qu'est-ce que vous faites le mardi ? | 毎週火曜日には何をするのですか？ |
| – Le mardi, je fais le ménage. | – 毎週火曜日には掃除をします。 |
| Tu es libre le mercredi soir ? | 毎週水曜日の夜は暇？ |
| – Non, le mercredi soir, je fais la cuisine. | – いいえ、毎週水曜日の夜は料理をするの。 |
| Le jeudi, je fais la lessive. C'est mon tour. | 毎週木曜日、私は洗濯をします。 |
| Le vendredi, il fait la vaisselle. | 毎週金曜日、彼は皿洗いをします。 |
| Ce samedi, elle fait les courses. | この土曜日、彼女は買い物をします。 |

★「〜曜日に」というときは何もつけません。英語の on Sunday のような前置詞は不要です。
★曜日に定冠詞の le や les をつけると、「毎週〜曜日には」の意味です。

**1** 例にならって曜日を答えてください。　🎧143

C'est quel jour aujourd'hui ?　　　　　　　　　　　　今日は何曜日ですか？

　　*lundi*　　　　→ **Aujourd'hui, c'est *lundi*.**　　　今日は月曜日です。

[À vous !]

C'est quel jour aujourd'hui ?

　　*mardi*　　　　→ **Aujourd'hui, c'est *mardi*.**

　　*mercredi*　　　→ **Aujourd'hui, c'est *mercredi*.**

　　*jeudi*　　　　→ **Aujourd'hui, c'est *jeudi*.**

　　*vendredi*　　　→ **Aujourd'hui, c'est *vendredi*.**

　　*samedi*　　　→ **Aujourd'hui, c'est *samedi*.**

　　*dimanche*　　→ **Aujourd'hui, c'est *dimanche*.**

🎧144

> 曜日の前に à をつけると、「〜曜日に会いましょう」の意味になります。
>
> 　　**À dimanche !**　　　日曜日に会いましょう！

**2** 例にならって質問に答えてください。 🎧145

Qu'est-ce que vous faites le lundi ? 　　　　　　毎週月曜日には何をするのですか？

*faire le ménage* → **Le lundi, je *fais le ménage*.** 　　掃除をします。

Tu es libre le samedi soir ? 　　　　　　　　　　毎週土曜日の夜は暇？

*faire la cuisine* → **Le samedi soir ? Non, je *fais la cuisine*.**

　　　　　　　　　　　　土曜日の夜？　いいえ、料理をするの。

[ **À vous !** ]

Qu'est-ce que vous faites le mardi ?

*faire la vaisselle* → **Le mardi, je *fais la vaisselle*.**

Qu'est-ce que vous faites le jeudi ?

*faire la cuisine* → **Le jeudi, je *fais la cuisine*.**

Tu es libre le vendredi soir ?

*faire le ménage* → **Le vendredi soir ? Non, je *fais le ménag*e.**

Tu es libre le mercredi soir ?

*faire la vaisselle* → **Le mercredi soir ? Non, je *fais la vaisselle*.**

Qu'est-ce que vous faites le samedi ?

*faire les courses* → **Le samedi, je *fais les courses*.**

Qu'est-ce que vous faites le dimanche ?

*faire la lessive* → **Le dimanche, je *fais la lessiv*e.**

🎧146
### ─── 語中 e を「エ」と読むときのヒント ───

　e は基本的にはアルファベと同じ「ウ」に近い音 [ə] ですが、語中にある場合は、「エ」と読んだり、他の文字と組み合わせて別の音になったりします。まずは出てきた音をよくまねて暗記することが大切です。自分の中で定着してきたときに音節の切り方の規則性が見えてきます。急がば回れ、です。

　ここでは 3 つだけ、「エ」と発音するパターンを覚えておきましょう。

　　★アクセント記号を伴うとき：**vous êtes　délicieux　ma mère　Noël**

　　★3 文字単語の真ん中にあるとき：**des　les　mes　tes　ses　ces**

　　★後ろに子音が 2 つ続くとき（例外はあり）：**lessive　vaisselle　mercredi**

# カフェで注文する

### Je voudrais un croque-monsieur, s'il vous plaît.

音声をよく聞き、繰り返し声に出して覚えましょう 🎧147

Qu'est-ce que vous prenez ? 何になさいますか？

– Je prends un sandwich au fromage, s'il vous plaît.

－チーズサンドを1つ、お願いします。

Je voudrais un café, s'il vous plaît. コーヒーを1つ、お願いします。

Pour moi *, un chocolat chaud. 私にはホットチョコレートを1つ*。

Pour lui *, un café allongé. 彼にはアメリカンコーヒーを1つ。

Pour elle *, un jus d'orange. 彼女にはオレンジジュースを1つ。

＊ moi, lui, elle は前置詞と一緒に使う強勢形 (p.77 参照) という代名詞の形です。

**un thé au citron**    **un demi**    **un croque-monsieur**    **un sandwich au jambon**
レモンティー      生ビール      クロックムッシュー      ハムサンド

---

**1** 例にならって注文してください。 🎧148

Qu'est-ce que vous prenez ? 何になさいますか？

*un café allongé* （アメリカンコーヒー）

→ **Je prends *un café allong*é, s'il vous plaît.** アメリカンをお願いします。

[À vous !]

Qu'est-ce que vous prenez ?

*un thé au citron* → **Je prends *un thé au citron*, s'il vous plaît.**

*un sandwich au fromage*

→ **Je prends *un sandwich au fromage*, s'il vous plaît.**

*un demi* → **Je prends *un demi*, s'il vous plaît.**

*un jus d'orange* → **Je prends *un jus d'orange*, s'il vous plaît.**

*un sandwich au jambon*

→ **Je prends *un sandwich au jambon*, s'il vous plaît.**

🎧149
**2** 例にならって注文してください。

*un café / un thé nature* （コーヒー / ストレートティー）

→ **Je voudrais *un café* et pour lui, *un thé nature*, s'il vous plaît.**

私はコーヒー、彼にはストレートティーをお願いします。

[ **À vous !** ]

*un chocolat chaud / un café allongé*

→ **Je voudrais *un chocolat chaud* et pour lui, *un café allongé*, s'il vous plaît.**

*un sandwich au jambon / un croque-monsieur*

→ **Je voudrais *un sandwich au jambon* et pour lui, *un croque-monsieur*, s'il vous plaît.**

*un demi / un jus d'orange*

→ **Je voudrais *un demi* et pour lui, *un jus d'orang*e, s'il vous plaît.**

*un sandwich au fromage / un thé au citron*

→ **Je voudrais un sandwich au fromage et pour lui, un thé au citron, s'il vous plaît.**

🎧150

支払いはテーブルで行うことも、出口で行うこともあります。

**L'addition, s'il vous plaît.** お勘定をお願いします。

🎧151

### アクセント記号アクサン・テギュ

éのように右から左へ斜めに下るアクセント記号を**アクサン・テギュ**（accent aigu）と言います。eの上のみにつきます。éは、口は横に狭く開き、「イ」に近い短めの「エ」[e] を発音します。

| | |
|---|---|
| **Pour lui, un café allongé.** | **Il est étudiant.** |
| **Il est employé.** | **Elle est américaine.** |
| **Je prends un thé au citron.** | **Il va aux États-Unis.** |
| **Quel est votre numéro de téléphone ?** | |

# 出身地を言う

## Ils viennent d'où ?

音声をよく聞き、繰り返し声に出して覚えましょう 🎧152

| Tu viens d'où ? | 君はどこの出身なの？ |
|---|---|
| – Je viens de Strasbourg. | – ストラスブール出身よ。 |
| Messieurs, vous venez d'où ? | 皆さんはどちらのご出身ですか？ |
| – Nous venons du Japon. | – 私たちは日本の出身です。 |
| Il vient de France. | 彼はフランスの出身です。 |
| Ils viennent des États-Unis. | 彼らはアメリカ合衆国の出身です。 |

du + 男性単数国名
  **du Canada / du Brésil / du Cambodge / du Portugal**
de + 女性単数国名
  **d'Italie / de Thaïlande / de Corée / de Chine / d'Espagne**
d' + 母音で始まる男性単数国名
  **d'Iran / d'Iraq (Irak) / d'Israël**
des + 複数で表記する国名
  **des Pays-Bas / des Philippines**

---

**1** 例にならって言いかえてください。 🎧153

Il vient de Chine. 彼は中国の出身です。

| *d'Espagne* | → **Il vient *d'Espagne*.** | （スペインの） |
|---|---|---|
| *Carmen* | → ***Carmen* vient d'Espagne.** | （カルメンは） |

[À vous !]

Carmen vient d'Espagne.

| *je* | → ***Je* viens d'Espagne.** |
|---|---|
| *du Japon* | → **Je viens *du Japon*.** |
| *d'Italie* | → **Je viens *d'Italie*.** |
| *nous* | → ***Nous* venons d'Italie.** |
| *des Pays-Bas* | → **Nous venons *des Pays-Bas*.** |
| *vous* | → ***Vous* venez des Pays-Bas.** |
| *de Thaïlande* | → **Vous venez *de Thaïlande*.** |

72

| François | → *François* vient de Thaïlande. |
| *de France* | → **François** vient *de France*. |
| *Monsieur et Madame Martin* | |
| | → ***Monsieur et Madame Martin*** viennent de France. |
| *des États-Unis* | |
| | → **Monsieur et Madame Martin** viennent *des États-Uni*s. |

**2** 例にならって質問に答えてください。人名は代名詞にしましょう。

Madame, vous venez d'où ? どちらのご出身ですか？

| *Italie* | → **Je viens d'***Italie*. | （イタリア） |

À vous !

Tu viens d'où ?

| *Corée* | → **Je viens de** *Corée*. |

Mademoiselle, vous venez d'où ?

| *Cambodge* | → **Je viens du** *Cambodge*. |

Il vient d'où ?

| *Thaïlande* | → **Il vient de** *Thaïlande*. |

Elle vient d'où ?

| *Angleterre* | → **Elle vient d'***Angleterre*. |

Monsieur, vous venez d'où ?

| *Iran* | → **Je viens d'***Iran*. |

Takashi et Yuko viennent d'où ?

| *Japon* | → **Ils viennent du** *Japon*. |

*Ton mari et toi, vous venez d'où ?*

| *Philippines* | → **Nous venons des** *Philippines*. |

### ch の読み方 [ʃ]、th の読み方 [t]

フランス語には「チュ」という音はありません。「静かに」の意味で「シー」と言うときの音 [ʃ] を思い浮かべてみましょう。th[θ] は単なる [t] です。

| **un <u>ch</u>o<u>ch</u>olat <u>ch</u>aud** | **<u>ch</u>èque** チェック | **<u>ch</u>anger** 変える | **la <u>Ch</u>ine** 中国 |
| **du <u>th</u>é au citron** | **J'aime le <u>th</u>éâtre.** | **la <u>Th</u>aïlande** | |

# 数字の練習 80-100

## Qu'est-ce qu'il faut pour faire un gâteau au chocolat ?

音声をよく聞き、繰り返し声に出して覚えましょう 🎧156

| 80 | 81 | 82 | 83 |
|---|---|---|---|
| quatre-vingts | quatre-vingt-un | quatre-vingt-deux | quatre-vingt-trois |
| 84 | 85 | 86 | 87 |
| quatre-vingt-quatre | quatre-vingt-cinq | quatre-vingt-six | quatre-vingt-sept |
| 88 | 89 | | |
| quatre-vingt-huit | quatre-vingt-neuf | | |
| 90 | 91 | 92 | 93 |
| quatre-vingt-dix | quatre-vingt-onze | quatre-vingt-douze | quatre-vingt-treize |
| 94 | 95 | 96 | 97 |
| quatre-vingt-quatorze | quatre-vingt-quinze | quatre-vingt-seize | quatre-vingt-dix-sept |
| 98 | 99 | 100 | |
| quatre-vingt-dix-huit | quatre-vingt-dix-neuf | cent | |

**Qu'est-ce qu'il faut pour faire un gâteau au chocolat ?**

チョコレートケーキを作るのに何が必要ですか？

**– Il faut 100 grammes de farine.**  –100g の小麦粉が要ります。

**100 g de beurre** 100g のバター

**100 g de sucre** 100g の砂糖

**100 g de chocolat noir** 100g のビターチョコレート

**un œuf / deux œufs** 卵 （複数形では f を発音しません）

**1** ポーズの間に奇数を発音してください。 🎧157

80 ＿ 82 ＿ 84 ＿ 86 ＿ 88 ＿ 90 ＿ 92 ＿ 94 ＿ 96 ＿ 98 ＿100

**2** ポーズの間に偶数を発音してください。チャイムが鳴ったら始めましょう。 🎧158

♪ ＿ 81 ＿ 83 ＿ 85 ＿ 87 ＿ 89 ＿ 91 ＿ 93 ＿ 95 ＿ 97 ＿ 99 ＿

**3** 例にならって質問に答えてください。 🎧159

Qu'est-ce qu'il faut pour faire un gâteau au chocolat ?

チョコレートケーキを作るのに何が必要ですか？

*80 g de chocolat noir* → **Il faut *80 grammes de chocolat noir.***

（80 g のビターチョコレート）

**À vous !**

Qu'est-ce qu'il faut pour faire un gâteau au chocolat ?

*85 g de sucre* → **Il faut *85 grammes de sucre.***

*90 g de beurre* → **Il faut *90 grammes de beurre.***

*95 g de farine* → **Il faut *95 grammes de farine.***

*6 œufs* → **Il faut *6 œufs.***

**4** 数字が聞こえたらすぐに 80 を足して発音してください。　　🎧160

*1* → **quatre-vingt-un (81)**　　*12* → **quatre-vingt-douze (92)**

**À vous !**

*3* → **quatre-vingt-trois**　　　*5* → **quatre-vingt-cinq**

*11* → **quatre-vingt-onze**　　　*17* → **quatre-vingt-dix-sept**

*15* → **quatre-vingt-quinze**　　*8* → **quatre-vingt-huit**

*19* → **quatre-vingt-dix-neuf**　*6* → **quatre-vingt-six**

**5** 本を見ないで、電話番号を聞きとりましょう。　　🎧161

Quel est votre numéro de téléphone ?　　あなたの電話番号は何番ですか？

→ **C'est le 01　63　81　95　75**

→ **C'est le 07　45　23　88　98**

→ **C'est le 06　34　73　69　71**

→ **C'est le 05　21　75　92　96**

→ **C'est le 01　74　80　97　56**

→ **C'est le 02　64　74　83　93**

🎧162

70 以上の数の表し方は、フランス語圏でも国によって異なります。

| | 70 | 80 | 90 |
|---|---|---|---|
| ベルギー | septante | quatre-vingts | nonante |
| スイス | septante | quatre-vingts / huitante | nonante |

# 文法のページ ③

## 1. 疑問形容詞 quel（adjectif interrogatif）

「どんな〜ですか?」と尋ねるときに用います。尋ねたい名詞の性と数に合わせて quel, quels, quelle, quelles と変化します。複数の s がついても音は変わりません。

直接名詞に付加する使い方と、動詞 être を間にはさむ使い方とがあります。

| | |
|---|---|
| Vous parlez *quelle* langue ? | あなたはどんな言語を喋りますか? |
| *Quel* est votre numéro de téléphone ? | あなたの電話番号は何ですか? |

## 2. 前置詞 de と定冠詞の結合形（縮約形）

前置詞 de は、英語の of や from に相当します。「〜の」「〜から」などの意味になるだけではなく、さまざまな前置詞句も構成します。〈à + 定冠詞〉と同様、le, les と結合すると形が変わります。

| | | |
|---|---|---|
| du (= de + le) | ＋男性単数名詞 | （母音および無音の h の前では de l'） |
| de la | ＋女性単数名詞 | （母音および無音の h の前では de l'） |
| des (= de + les) | ＋男性・女性複数名詞 | |

女性形の国名の場合は、注意が必要です。

| | | |
|---|---|---|
| de + le → du | Je viens *du* Japon. | 私はフランス出身です。 |
| de + la → de | Je viens *de* France. | 私はフランス出身です。 |
| | Je viens *d'*Angleterre. | 私はドイツ出身です。 |
| de + les → des | Je viens *des* États-Unis. | 私は合衆国出身です。 |

★男性名詞の国で母音で始まる国は、d' になります。 d'Israël

## 3. 動詞 prendre

英語の take, get に相当します。「〜を手に入れる、買う、取る、（乗り物に）乗る」などと、使用範囲の広い動詞です。

🎧163

| | | | | |
|---|---|---|---|---|
| prendre | je | prends | nous | prenons |
| | tu | prends | vous | prenez |
| | il / elle | prend | ils / elles | prennent |

## 4. 動詞 venir

英語の come に相当します。

★来る          **Tu *viens* chez moi ce soir ?**    今夜、うちに来る？

★〜出身である    **Je *viens* du Japon.**         私は日本出身です。

★〈venir de ＋ 他の動詞の不定詞〉で「〜したばかり」という近い過去を表します。

                **Il *vient* d'arriver.**         彼は着いたばかりです。

🎧164

| | | | | |
|---|---|---|---|---|
| venir | je | viens | nous | venons |
| | tu | viens | vous | venez |
| | il / elle | vient | ils / elles | viennent |

## 5. 動詞 connaître

フランス語には「知っている」という動詞が 2 つあります。情報の内容を知っているというときの savoir と人や場所を実際体験して知っているときの connaître です。

connaître を用いたときは、「その人には会ったことがある」「そこに行ったことがある」という意味になります。

**Je *connais* Lyon mais je ne *connais* pas Paris.**

リヨンは行ったことがあるが、パリには行っていない。

🎧165

| | | | | |
|---|---|---|---|---|
| connaître | je | connais | nous | connaissons |
| | tu | connais | vous | connaissez |
| | il / elle | connaît | ils / elles | connaissent |

## 6. 人称代名詞強勢形（formes toniques）

人称代名詞を動詞と切り離して単独で用いる形を**強勢形**といいます。主語を強調する場合や、chez, à, pour といった前置詞とともに用います。

***Moi*, je m'appelle Marie.**        私は、マリーといいます。

**Je reste chez *moi* aujourd'hui.**      今日は私は家にいます。

**Pour *elle*, un café, s'il vous plaît.** 彼女にはコーヒーをお願いします。

| 主語 | je | tu | il | elle | nous | vous | ils | elles |
|---|---|---|---|---|---|---|---|---|
| 強勢形 | moi | toi | lui | elle | nous | vous | eux | elles |

# 綴り字の読み方の練習（1）
## Je connais le château de Chenonceau.

**1** ai [e] / [ɛ]　　　　　　　　　　　　　　　🎧166

ai は総じて「エ」と発音します。厳密には口の開き方が狭い「エ」と広い「エ」があ
りますが、地方によっても世代によっても、ばらつきがあります。それよりも「ア
イではない」と考えましょう。例にならって、言いかえましょう。

Claire habite à Saint-Nazaire.　　　　　　クレールはサン・ナゼールに住んでいます。

　*être anglaise*　　　　　→ **Claire *est anglaise*.**　　　（イギリス人である）

〔À vous !〕

Claire est anglaise.

　*parler français*　　　　→ **Claire *parle français*.**

　*connaître le japonais*　　→ **Claire *connaît le japonais*.**

　*connaître le japonais et le portugais*　　（日本語とポルトガル語を知っている）

　　→ **Claire *connaît le japonais et le portugais*.**

　*ne pas parler anglais à la maison*　　　（家では英語をしゃべらない）

　　→ **Claire *ne parle pas anglais à la maison*.**

　*faire des portraits en semaine*　　　（週日は似顔絵を描いている）

　　→ **Claire *fait des portraits en semaine*.**

**2** au (eau) [o] / [ɔ]　　　　　　　　　　　　🎧167

au は「アウ」ではなく「オ」です。英語の auto を思い浮かべましょう。

Je vais au restaurant.　　　　　　　　私はレストランに行きます。

　*Aujourd'hui*　→ ***Aujourd'hui*, je vais au restaurant.**　　（今日）

〔À vous !〕

Aujourd'hui, je vais au restaurant.

　*en auto*　→ **Aujourd'hui, je vais au restaurant *en auto*.**　（車で）

　*par l'autoroute*　　　　　　　　（高速道路を使って）

　　→ **Aujourd'hui, je vais au restaurant en auto *par l'autoroute*.**

Je connais des châteaux.　　　　　私はお城をいくつも（訪れて）知っている。

　*le château de Chenonceau*　　　　　（シュノンソー城）

→ **Je connais** *le château de Chenonceau.*

*le château d'Azay-le-Rideau* （アゼ・ル・リドー城）

→ **Je connais le** *château d'Azay-le-Rideau.*

*le château des Réaux* （レオー城）

→ **Je connais** *le château des Réaux.*

*beaucoup de châteaux* （たくさんの城）

→ **Je connais** *beaucoup de châteaux.*

*beaucoup de beaux châteaux* （たくさんの美しい城）

→ **Je connais** *beaucoup de beaux châteaux.*

---

**3** oi [wa]　　　　　　　　　　　　　　　　　🎧**168**

oi は「オイ」にはなりません。「ゥワ」に近い音です。

Benoît prend une boisson.　　　　　　　　　ブノワは飲み物をとります。

*froide* → **Benoît prend une boisson froide.** （冷たい）

[À vous !]

Benoît prend une boisson froide.

*à la noix de coco* （ココナッツミルクの入った）

→ **Benoît prend une boisson froide** *à la noix de coco.*

*tous les soirs* （毎晩）

→ **Benoît prend une boisson froide à la noix de coco** *tous les soirs.*

---

**4** 動詞を入れかえて活用させてください。　　　　🎧**169**

Je suis chinoise.　　　　　　　　　　　　　私は中国人です。

*habiter à Amboise* → **J'habite à Amboise.** （アンボワーズに住んでいる）

[À vous !] ではやってみましょう！

J'habite à Amboise.

*habiter en Indre-et-Loire* → **J'habite en Indre-et-Loire.**

（アンドル・エ・ロワール地方）

*avoir trois voitures.* → **J'ai trois voitures.** （3台の車）

79

# 食べ物・飲み物について話す

## Vous mangez de la viande ?

音声をよく聞き、繰り返し声に出して覚えましょう　🎧170

| | |
|---|---|
| Je mange du pain au petit déjeuner. | 私は朝食にパンを食べます。 |
| Tu manges de la viande au déjeuner ? | 君は昼食に肉を食べる？ |
| Vous mangez de la salade au dîner ? | あなたは夕食にサラダを食べますか？ |
| Le soir, je bois de l'eau minérale. | 私は夜にミネラル水を飲みます。 |
| Le matin, tu bois du thé vert ? | 君は朝、緑茶を飲む？ |
| Il boit de la bière avec des amis. | 彼は友達とビールを飲みます。 |
| Vous buvez du café tous les jours ? | あなたは毎日コーヒーを飲みますか？ |

**du lait**　**du yaourt**　**du poisson**　**de la viande**
牛乳　　ヨーグルト　　魚　　　肉

★液体、気体、粒状のもの、大きなものの一部分、抽象名詞など、1つ2つと数えられない名詞（不可算名詞）で限定されていない場合は、部分冠詞をつけます。母音もしくは無音のhで始まる単語の前では、de l' となります。

| 男性単数　du / de l' | 女性単数　de la / de l' |
|---|---|

**1** 例にならって質問に oui で答えてください。　🎧171

Vous mangez du poisson le matin ?　　　　　　朝、魚を食べますか？

　→ **Oui, je mange du poisson le matin.**　　　はい、食べます。

Vous buvez de l'eau minérale tous les jours ?　毎日ミネラル水を飲みますか？

　→ **Oui, je bois de l'eau minérale tous les jours.**　はい、飲みます。

［À vous !］

Vous buvez de la bière tous les jours ?

　→ **Oui, je bois de la bière tous les jours.**

Vous mangez du pain au petit déjeuner ?

　→ **Oui, je mange du pain au petit déjeuner.**

Vous buvez du vin le soir ?

→ **Oui, je bois du vin le soir.**

Vous mangez de la viande au déjeuner ?

→ **Oui, je mange de la viande au déjeuner.**

Vous buvez du lait tous les jours ?

→ **Oui, je bois du lait tous les jours.**

**2** 例にならって言いかえてください。　　　　　　　　　　🎧172

J'aime le fromage.　　　　　　　　　　　　　私はチーズが好きです。

→ **Je mange du fromage.**　　　　　　　　私はチーズを食べます。

Tu aimes le vin rouge ?　　　　　　　　　　君は赤ワインが好きなの？

→ **Tu bois du vin rouge ?**　　　　　　　君は赤ワインを飲むの？

( À vous ! )

| | |
|---|---|
| Nicolas aime le poisson. | → **Nicolas mange du poisson.** |
| Tu aimes la salade ? | → **Tu manges de la salade ?** |
| Vous aimez la viande ? | → **Vous mangez de la viande ?** |
| J'aime la bière. | → **Je bois de la bière.** |
| Vous aimez le thé vert ? | → **Vous buvez du thé vert ?** |
| Il aime le café ? | → **Il boit du café ?** |
| Ils aiment le yaourt. | → **Ils mangent du yaourt.** |

🎧173

──────── **u の読み方 [y]** ────────

　u は「ウ」にはなりません。口を丸めて突き出して、「イ」を発音するような
気持ちでどうぞ。歯は嚙み合わせてはいけません。

**C'est du vin.**　　　　　　　これはワインです。

**C'est un bus.**　　　　　　　これはバスです。

**Vous buvez du café ?**　　　あなたはコーヒーを飲みますか？

**C'est une étudiante japonaise.**　こちらは日本の女子学生さんです。

# 体調を伝える（2）

## J'ai mal aux dents !

| | |
|---|---|
| **Qu'est-ce que vous avez ?** | どうしたのですか？ |
| **– J'ai mal à la tête.** | – 頭が痛いんです。 |
| **Tu as mal au ventre ?** | お腹が痛いの？ |
| **Il a mal aux épaules.** | 彼は肩が痛いです。 |
| **Vous avez mal à l'estomac ?** | 胃が痛むのですか？ |
| **Ils ont très mal aux yeux.** | 彼らはとても目が痛いです。 |
| **Elle a mal au nez.** | 彼女は鼻が痛い。 |
| **Elles ont mal à la gorge.** | 彼女たちは喉が痛い。 |
| **Nous avons mal aux pieds.** | 私たちは足が痛いです。 |

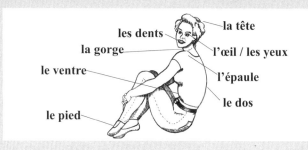

les dents · la tête · la gorge · l'œil / les yeux · le ventre · l'épaule · le pied · le dos

---

**1** 例にならって質問に答えてください。　🎧175

Yoko, qu'est-ce que vous avez ? ヨウコ、どうしたのですか？

| *mal à la tête* | → **J'ai mal à la tête.** | 頭が痛いのです。 |
|---|---|---|
| *malade* | → **Je suis malade.** | 具合が悪いのです。 |

( À vous ! )

Yoko, qu'est-ce que vous avez ?

| *au dos* | → **J'ai mal au dos.** |
|---|---|

Marie et Yoko, qu'est-ce que vous avez ?

| *aux épaules* | → **Nous avons mal aux épaules.** |
|---|---|

| Qu'est-ce qu'il a ? | *à l'estomac* | → **Il a mal à l'estomac.** |
|---|---|---|

| Qu'est-ce qu'il a ? | *au ventre* | → **Il *a mal au ventre.*** |
| Qu'est-ce qu'elle a ? | *à la gorge* | → **Elle *a mal à la gorge.*** |
| Qu'est-ce qu'elle a ? | *aux dents* | → **Elle *a mal aux dents.*** |
| Qu'est-ce que tu as ? | *aux pieds* | → **J'ai *mal aux pieds.*** |
| Qu'est-ce que tu as ? | *aux yeux* | → **J'ai *mal aux yeux.*** |
| Qu'est-ce qu'ils ont ? | *au nez* | → **Ils *ont mal au nez.*** |
| Qu'est-ce qu'elles ont ? | *fatiguées* | → **Elles *sont fatiguées.*** |
| Qu'est-ce qu'il a ? | *malade* | → **Il *est malade.*** |

**2** 例にならって質問に答えてください。 176

Yoko, qu'est-ce que vous avez ? ヨウコ、どうしたのですか？

 *la tête*  → **J'ai mal *à la tête.*** とても頭が痛いのです。

(**À vous !**)

Yoko, qu'est-ce que vous avez ?

 *le dos*  → **J'ai mal *au dos.***

Marie et Yoko, qu'est-ce que vous avez ?

 *les épaules*  → **Nous avons mal *aux épaules.***

| Qu'est-ce qu'il a ? | *l'estomac* | → **Il a mal *à l'estomac.*** |
| Qu'est-ce qu'il a ? | *le ventre* | → **Il a mal *au ventre.*** |
| Qu'est-ce qu'elle a ? | *la gorge* | → **Elle a mal *à la gorge.*** |
| Qu'est-ce qu'elle a ? | *les dents* | → **Elle a mal *aux dents.*** |
| Qu'est-ce que tu as ? | *les pieds* | → **J'ai mal *aux pieds.*** |
| Qu'est-ce que tu as ? | *les yeux* | → **J'ai mal *aux yeux.*** |
| Qu'est-ce qu'ils ont ? | *le nez* | → **Ils ont mal *au nez.*** |
| Qu'est-ce qu'elles ont ? | *la tête* | → **Elles ont mal *à la tête.*** |

177

---
**アクセント記号　アクサン・シルコンフレックス**

「帽子」と呼ばれる**アクサン・シルコンフレックス** (accent circonflexe) がつい
た ê は広い「エ」[ε] と発音します。î, ô û は、i, o, u と音の変化はありません。
â も現代では a とさほど変わりません。

 **tôt**　　**la tête**　　**août** 8 月　　**un âne** ろば　　**une île** 島
---

# 家族について伝える
## Voici mon père et ma mère.

音声をよく聞き、繰り返し声に出して覚えましょう　🎧178

| | |
|---|---|
| **Qui est-ce ?** | こちらはどなたですか？ |
| **– C'est mon père.** | – 私の父です。 |
| **C'est votre mère ?** | こちらはあなたのお母さんですか？ |
| **– Non, ce n'est pas ma mère.** | – いいえ、母ではありません。 |
| **Ce sont vos enfants ?** | こちらはあなたのお子さんたちですか？ |
| **– Oui, ce sont mes enfants.** | – はい、私の子供たちです。 |

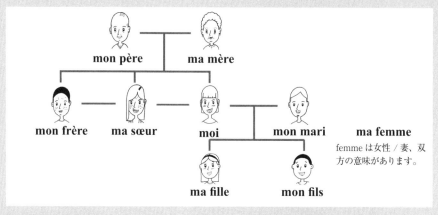

mon père　ma mère

mon frère　ma sœur　moi　mon mari　ma femme

femme は女性 / 妻、双方の意味があります。

ma fille　mon fils

| | |
|---|---|
| **Voici mes parents.** | これが両親です。 |
| **Voici ma famille.** | これが私の家族です。 |
| **Voici mon mari. / ma femme.** | これが私の夫 / 妻です。 |

🎧179

**1** 例にならって言いかえてください。

Voici mon père.　　　　　　　　　　　　　　　これが私の父です。

*ma mère*　　→ **Voici mon père et ma mère.**　　（私の父と母）

[À vous !]

Voici mon frère.

*ma sœur*　　→ **Voici mon frère et ma sœur.**

Voici mon fils.

| | |
|---|---|
| *ma fille* | → **Voici mon fils et ma fille.** |
| Voici mon mari. | |
| *mes enfants* | → **Voici mon mari et mes enfants.** |
| Voici ma femme. | |
| *mes parents* | → **Voici ma femme et mes parents.** |

**2** 例にならって質問に oui で答えてください。　　　　　　　🎧180

Qui est-ce ? C'est votre père ?　　こちらはどなたですか？　あなたのお父さんですか？

　→ **Oui, c'est mon père.**　　　　　　　　はい、私の父です。

[À vous !]

| | |
|---|---|
| Qui est-ce ? C'est votre frère ? | → **Oui, c'est mon frère.** |
| Qui est-ce ? C'est votre femme ? | → **Oui, c'est ma femme.** |
| Qui est-ce ? Ce sont vos parents ? | → **Oui, ce sont mes parents.** |
| Qui est-ce ? C'est votre famille ? | → **Oui, c'est ma famille.** |
| Qui est-ce ? C'est votre fille ? | → **Oui, c'est ma fille.** |

**3** 例にならって質問に non で答えてください。　　　　　　　🎧181

Qui est-ce ? C'est votre mari ?　　こちらはどなたですか？　あなたのご主人ですか？

　→ **Non, ce n'est pas mon mari.**　　　　いいえ、私の夫ではありません。

[À vous !]

| | |
|---|---|
| Qui est-ce ? C'est votre fils ? | → **Non, ce n'est pas mon fils.** |
| Qui est-ce ? Ce sont vos enfants ? | → **Non, ce ne sont pas mes enfants.** |
| Qui est-ce ? C'est votre frère ? | → **Non, ce n'est pas mon frère.** |
| Qui est-ce ? C'est votre mère ? | → **Non, ce n'est pas ma mère.** |
| Qui est-ce ? C'est votre sœur ? | → **Non, ce n'est pas ma sœur.** |

🎧182

### アクセント記号　アクサン・グラーヴ

　è のように e の上に、左から右に下がるアクセント記号は、**アクサン・グラー
ヴ** (accent grave) といいます。[ɛ]（口を縦に開く広い「エ」）発音します。à や
où などの場合は、音の変化はありません。

**mon père　　ma mère　　mon frère　　Il parle très bien français.**

# 100 以上の数と序数

## Je suis né(e) en 1975.

音声をよく聞き、繰り返し声に出して覚えましょう 🎧183

| | |
|---|---|
| **Vous êtes né(e) en quelle année ?** | あなたは何年生まれですか？ |
| **– Je suis né(e) en mille neuf cent quatre-vingt-cinq.** | – 私は 1985 年生まれです。 |
| **Nous sommes au XXIᵉ (vingt et unième) siècle.** | 今は 21 世紀です。 |

| | | |
|---|---|---|
| 1 000 | mille * | 千 |
| 2 000 | deux mille | 2 千 |
| 10 000 | dix mille | 1 万 |
| 100 000 | cent mille | 10 万 |
| 1 000 000 | un million | 100 万 |
| 10 000 000 | dix millions | 1 千万 |
| 100 000 000 | cent millions | 1 億 |

＊年号は mil とも綴りますが、最近では mille を使うのが普通です。

| | |
|---|---|
| **Tu habites à quel étage ?** | 君は何階に住んでるの？ |
| **– J'habite au 9ᵉ (neuvième) étage.** | – 9 階（フランス式）だよ。 |
| **Le 1ᵉʳ janvier, c'est le premier jour de l'année.** | 1 月 1 日は元旦です。 |
| **Il habite dans le XVIᵉ arrondissement.** | 彼は第 16 区に住んでいる。 |

**1** 例にならって年号を答えてください。 🎧184

Vous êtes né(e) en quelle année ?　　　　あなたは何年生まれですか？

*1985*　　　→ **Je suis né(e) en *mille neuf cent quatre-vingt-cinq*.**

[À vous !]

Vous êtes né(e) en quelle année ?

*1951*　　　→ **Je suis né(e) en *mille neuf cent cinquante et un*.**

🎧185

─── 人口や面積の尋ね方・答え方 ───

**Quelle est la population du Japon ?** 日本の人口はどれだけですか？

**– Elle est d'environ 125.000.000 (cent vingt-cinq millions) d'habitants.**

**Quelle est la superficie du Japon ?** 日本の面積はどれだけですか？

**– Elle est d'environ 380.000 km² (trois cent quatre-vingt mille kilomètres carrés).**

Vous êtes né(e) en quelle année ?

*1975*    → **Je suis né(e) en *mille neuf cent soixante-quinze.***

Vous êtes né(e) en quelle année ?

*2001*    → **Je suis né(e) en *deux mille un.***

🎧186

> フランス語の序数は、1のみ男性形・女性形があります。1以外は冠詞で区別します。序数にはローマ数字が用いられることがよくあります。人名の場合、定冠詞はつけずに、1世のみ序数、2世以降は基数を用います。
>
> **François I^er** フランソワ1世    **Louis XIV** ルイ14世

**2** 基数を序数に言いかえてください。男性形のみ発音しましょう。    🎧187

un / une     *le premier (la première)*    → **1^er / 1^ère (I^er / I^ère)** 1番目、最初の

**À vous !**

| deux  | *le (la) deuxième*   | → **2^e (II^e)**    | 2番目の  |
| trois | *le (la) troisième*  | → **3^e (III^e)**   | 3番目の  |
| quatre| *le (la) quatrième*  | → **4^e (IV^e)**    | 4番目の  |
| cinq  | *le (la) cinquième*  | → **5^e (V^e)**     | 5番目の  |
| six   | *le (la) sixième*    | → **6^e (VI^e)**    | 6番目の  |
| sept  | *le (la) septième*   | → **7^e (VII^e)**   | 7番目の  |
| huit  | *le (la) huitième*   | → **8^e (VIII^e)**  | 8番目の  |
| neuf  | *le (la) neuvième*   | → **9^ee (IX^e)**   | 9番目の  |
| dix   | *le (la) dixième*    | → **10^e (X^e)**    | 10番目の |
|       | *le dernier (la dernière)* |            | 最後の   |

🎧188

**J'habite :**

|          |                      | フランス式 | 日本式 |
|----------|----------------------|-----------|--------|
| **au**   | **troisième étage**  | 3階       | 4階    |
| **au**   | **deuxième étage**   | 2階       | 3階    |
| **au**   | **premier étage**    | 1階       | 2階    |
| **au**   | **rez-de-chaussée**  | 地上階     | 1階    |
| **au**   | **sous-sol**         | 地下       | 地下   |

# 鼻母音の発音練習
## Roland et Laurent mangent ensemble.

　フランス語の鼻母音は厳密には4種類ですが、現在ではそのうちの2種類がほ
ぼ同じ音となり、3種類と見なされています。鼻母音は綴り字にnやmが含まれ
ますが、音は最後は鼻に抜きます。ですから、mでも口は閉じませんし、nでも
舌は動きません。これは3つの鼻母音に共通する重要な点です。

　鼻母音を含む単語を足しながら、続けて発音しましょう。最終的には文を覚えて、
何も見ずに発音できるようにしましょう。以下の練習問題はすべて同じ要領です。

**1** 鼻母音① [ɑ̃]　　　　　　　　　　　　　　　　　　　　　🎧189

[À vous !]

Ma tante a trente ans.

*et elle a six enfants* → **Ma tante a trente ans *et elle a six enfants*.**

*en Angola*　　　　　　　　　　　　　　　　　　　（アンゴラで）

　→ **Ma tante a trente ans et elle a six enfants *en Angola*.**

Roland et Laurent mangent ensemble.　　　　　（一緒に食事をする）

*dans un restaurant*　　　　　　　　　　　　　　（レストランで）

　→ **Roland et Laurent mangent ensemble *dans un restaurant*.**

*dans un restaurant allemand*　　　　　（ドイツ料理のレストランで）

　→ **Roland et Laurent mangent ensemble *dans un restaurant allemand*.**

*à la campagne*　　　　　　　　　　　　　　　　　（田舎で）

　→ **Roland et Laurent mangent ensemble dans un restaurant allemand
　*à la campagne*.**

*un dimanche de décembre*　　　　　　　　　（12月のある日曜日）

　→ **Roland et Laurent mangent ensemble dans un restaurant allemand
　à la campagne *un dimanche de décembre*.**

**2** 鼻母音② [ɛ̃] ( [œ̃] )　　　　　　　　　　　　　　　　　🎧190

[À vous !]

Madame Martin achète quinze pains aux raisins.　　（レーズンパン15個）

*un lundi matin* (ある月曜日の朝)

→ **Un lundi matin, Madame Martin achète quinze pains aux raisins.**

*à la Saint Valentin* (バレンタインデーに)

→ **Un lundi matin** *à la Saint Valentin,* **Madame Martin achète quinze pains aux raisins.**

*à cinq euros vingt* (5 ユーロ 20 で)

→ **Un lundi matin à la Saint Valentin, Madame Martin achète quinze pains aux raisins** *à cinq euros vingt.*

Madame Martin achète un parfum. (香水を買う)

*dans un magasin* (お店で)

→ **Madame Martin achète un parfum** *dans un magasin.*

*à Saint-Germain.* (サン・ジェルマンの)

→ **Madame Martin achète un parfum dans un magasin** *à Saint-Germain.*

*pour son cousin Quentin* (従弟のカンタンのために)

→ **Madame Martin achète un parfum dans un magasin à Saint-Germain** *pour son cousin Quentin.*

**3** 鼻母音③ [õ]

(À vous !) 🎧191

Marion est blonde. マリオンは金髪です。

*elle habite à Besançon* (ブザンソンに住んでいる)

→ **Marion est blonde et** *elle habite à Besançon.*

*au onze rue Danton* (ダントン通り 11 番地に)

→ **Marion est blonde et elle habite à Besançon,** *au onze rue Danton.*

Yvon est pompier. イヴォンは消防士です。

*Yvon et son frère Léon* (イヴォンとその兄レオン)

→ ***Yvon et son frère Léon*** **sont pompiers.**

*à Avignon* (アヴィニョンで)

→ **Yvon et son frère Léon sont pompiers** *à Avignon.*

# 場所についてやりとりする

## Où est la boulangerie ?

音声をよく聞き、繰り返し声に出して覚えましょう　🎧192

| | |
|---|---|
| **La mairie est à droite du stade.** | 市役所はスタジアムの右側にあります。 |
| **L'hôtel est à gauche du parc.** | ホテルは公園の左にあります。 |
| **La gare est en face de la piscine.** | 駅はプールの正面にあります。 |
| **La statue est au bout de la rue.** | 立像は道の突き当たりにあります。 |
| **Le musée est à côté du restaurant.** | 美術館はレストランの脇にあります。 |
| **Le cinéma est entre la boulangerie et l'université.** | |
| | 映画館はパン屋と大学の間にあります。 |
| **La piscine est derrière le parc.** | プールは公園の後ろにあります。 |
| **Qu'est-ce qu'il y a à côté du musée ?** | 美術館の脇に何がありますか？ |

**1** 例にならって地図を見ながら答えてください。　🎧193

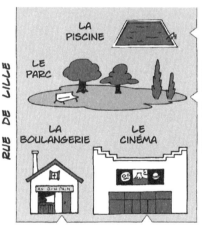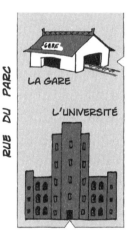

Où est la boulangerie ?　　　　　　　　　パン屋はどこにありますか？

　*à côté de*　　→ **Elle est à côté du cinéma.**　　映画館の脇です。

[À VOUS !]

Où est le cinéma ?　*à droite de*　→ **Il est à droite de la boulangerie.**

Où est la piscine ?　*derrière*　→ **Elle est derrière le parc.**

Où est l'hôtel ?     *en face de*     → **Il est en face du parc.**

Où est le cinéma ?     *entre*    → **Il est entre la boulangerie et l'université.**

Où est le parc ?     *à gauche de*     → **Il est à gauche de la gare.**

Où est l'université ?     *à droite de*     → **Elle est à droite du cinéma.**

**2** 例にならって地図を見ながら答えてください。 🎧194

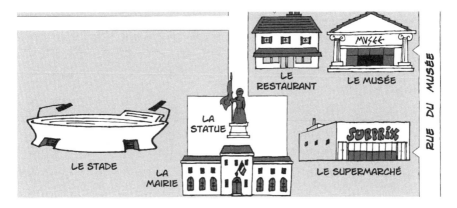

Qu'est-ce qu'il y a à côté du musée ?       美術館の脇に何がありますか？

   → **Il y a le restaurant.**           レストランがあります。

( À vous ! )

Qu'est-ce qu'il y a à droite de la mairie ?     → **Il y a le supermarché.**

Qu'est-ce qu'il y a au bout de la rue ?     → **Il y a la statue.**

Qu'est-ce qu'il y a entre le stade et le supermarché ?     → **Il y a la mairie.**

Qu'est-ce qu'il y a à gauche du musée ?     → **Il y a le restaurant.**

Qu'est-ce qu'il y a derrière le supermarché ?     → **Il y a le musée.**

Qu'est-ce qu'il y a à côté de la mairie ?     → **Il y a le stade.**

🎧195

—— **s の読み方** [s] / [z] ——

語頭の s は濁りません。語中で母音に挟まれた s は [z] と濁ります。

[s]   **pi_s_cine**    **profe_ss_ion**    **adre_ss_e**    **ciné_a_ste**    **poi_ss_on** 魚

[z]   **égli_s_e**    **Bré_s_il**    **Veni_s_e**    **poi_s_on** 毒

# 否定する (2)

## Il n'y a plus de frigo chez moi.

音声をよく聞き、繰り返し声に出して覚えましょう 🎧196

| | |
|---|---|
| Il n'y a pas de balcon chez moi. | 私の家にはベランダはありません。 |
| Il y a une moto dans le garage. | ガレージにはオートバイがあります。 |
| Il n'y a pas de baignoire chez lui. | 彼の家には浴槽はありません。 |
| Tu n'as pas de frigo ? | 冷蔵庫は持ってないの？ |
| – Si, j'ai un gros frigo. | – いいえ、大きな冷蔵庫を持ってるわよ。 |
| Il n'y a plus de climatiseur chez eux. | 彼らの家にはエアコンはもうありません。 |
| Je mange des pâtes. | 私はパスタを食べます。 |
| Tu ne manges pas de pâtes ? | 君はパスタを食べないの？ |
| Elle ne boit jamais d'alcool. | 彼女は決してアルコールを飲みません。 |

★直接目的語に不定冠詞や部分冠詞、もしくは数量を表す語彙が付いている場合、否定
文になるとそれらは「否定の de」に変わります。

**1** 例にならって言いかえてください。 🎧197

Il n'y a pas de frigo chez moi.　　　　　　　　私の家には冷蔵庫はありません。

　　*garage*　　　　→ **Il n'y a pas de garage chez moi.**　　　　（ガレージ）

[ À vous ! ]

Il n'y a pas de garage chez elle.

　　*balcon*　　　　→ **Il n'y a pas de *balcon* chez elle.**
　　*chez toi*　　　→ **Il n'y a pas de balcon *chez toi*.**
　　*baignoire*　　　→ **Il n'y a pas de *baignoire* chez toi.**
　　*chez lui*　　　→ **Il n'y a pas de baignoire *chez lui*.**
　　*climatiseur*　　→ **Il n'y a pas de *climatiseur* chez lui.**
　　*chez eux*　　　→ **Il n'y a pas de climatiseur *chez eux*.**
　　*frigo*　　　　　→ **Il n'y a pas de *frigo* chez eux.**

**2** 例にならって質問に non で答えてください。 🎧198

Elles ont une guitare ?　　　　　　　　彼女たちはギターを持っていますか？

→ **Non, elles n'ont plus de guitare.**　　　いいえ、もう持っていません。

⎣**À vous !**⎦

Il a une moto ?

→ **Non, il n'a plus de moto.**

Elles ont une télé ?

→ **Non, elles n'ont plus de télé.**

Ils ont un chien ?

→ **Non, ils n'ont plus de chien.**

Il y a encore des oranges dans le frigo ?

→ **Non, il n'y a plus d'oranges dans le frigo.**


**3** 例にならって質問に non で答えてください。　　　🎧199

Tu manges de la viande ?　　　　　　　　　君は肉を食べる？

→ **Non, je ne mange jamais de viande.**　いや、肉は決して食べない。

⎣**À vous !**⎦

Mademoiselle, vous mangez des gâteaux ?

→ **Non, je ne mange jamais de gâteaux.**

Tu bois de l'alcool ?

→ **Non, je ne bois jamais d'alcool.**

Madame, vous buvez du vin rouge ?

→ **Non, je ne bois jamais de vin rouge.**

Monsieur, vous mangez des pâtes ?

→ **Non, je ne mange jamais de pâtes.**

Nicolas boit du lait ?

→ **Non, il ne boit jamais de lait.**


🎧200

┌─────────── 〈gu ＋母音〉の読み方 [g] ───────────┐

〈gu ＋母音〉は通常 [g] と発音します。「ギュ」[gy] にはなりません。

**une guitare**　　**un guide**　　**une langue** 言語　　**une guerre** 戦争

例外：**une aiguille** [eɡɥij] 針　**Guyane française** [ɡɥijan] 仏領ギアナ

g の読み方については、p.51 の発音のポイントも参照してください。
└──────────────────────────────────────────┘

93

# レストランで注文する

## Qu'est-ce que vous prenez comme boisson ?

音声をよく聞き、繰り返し声に出して覚えましょう　🎧201

| | |
|---|---|
| **Vous voulez un apéritif ?** | 食前酒は召し上がりますか？ |
| **– Oui, je voudrais un pastis, s'il vous plaît.** | パスティスを1つお願いします。 |
| **Qu'est-ce que vous prenez comme entrée ?** | 前菜は何になさいますか？ |
| **– Je prends un saumon fumé.** | スモークサーモンにします。 |
| **Qu'est-ce que vous voulez comme boisson ?** | 飲み物は何になさいますか？ |
| **– Une carafe d'eau, s'il vous plaît.** | 水のカラフ（水差し）1つお願いします。 |

**un kir** キール　　**un verre de champagne** グラスシャンパン

**une carafe de vin rouge** 赤ワインのカラフ　　**un melon au jambon** 生ハムメロン

**une petite quiche** 小さなキッシュ　　**des hors-d'œuvre variés** オードブル盛り合わせ

**1** 例にならって質問に oui で答えてください。　🎧202

Vous voulez un apéritif ?　　　　　　　　　　食前酒は召し上がりますか？

*un pastis*　　→ **Oui, je voudrais un pastis, s'il vous plaît.**　（パスティス）

[ À VOUS ! ]

Vous voulez un apéritif ?

*un kir*　　　→ **Oui, je voudrais un kir, s'il vous plaît.**

*un verre de champagne*

　　　　　　　→ **Oui, je voudrais un verre de champagne, s'il vous plaît.**

*un demi*　　→ **Oui, je voudrais un demi, s'il vous plaît.**

**2** 例にならって注文してください。　🎧203

Qu'est-ce que vous prenez comme entrée ?　　　前菜は何になさいますか？

*des hors-d'œuvre variés*　　→ **Moi, je prends *des hors-d'œuvre variés*.**

（オードブル盛り合わせ）

[ À VOUS ! ]

Qu'est-ce que vous prenez comme entrée ?

*un saumon fumé*　　　　　→ **Moi, je prends *un saumon fumé*.**

Qu'est-ce que vous prenez comme entrée ?

*une petite quiche* → **Moi, je prends *une petite quiche*.**

Qu'est-ce que vous prenez comme entrée ?

*un melon au jambon* → **Moi, je prends *un melon au jambon*.**

🎧204

> 食事のときに使える表現です。
>
> **Bon appétit !** たくさん召し上がれ！ **Ça a l'air bon !** おいしそう！
>
> **C'est très bon !** とってもおいしい！ **C'est délicieux !** 最高においしいです！

**3** 例にならって注文してください。 🎧205

Qu'est-ce que vous voulez comme boisson ? 飲み物は何になさいますか？

*un demi* → **Un demi, s'il vous plaît.** 生ビールをお願いします。

[À vous !]

Qu'est-ce que vous voulez comme boisson ?

*un verre de vin blanc* → ***Un verre de vin blanc*, s'il vous plaît.**

Qu'est-ce que vous voulez comme boisson ?

*une carafe de vin rouge* → ***Une carafe de vin rouge*, s'il vous plaît.**

Qu'est-ce que vous voulez comme boisson ?

*une carafe d'eau* → ***Une carafe d'eau*, s'il vous plaît.**

🎧206

### 無音の h と有音の h

　h は発音されず、母音と同様、母音省略もリエゾンもすることを最初に学びました。しかし実際は h には 2 種類あります。完全に母音扱いをする**無音の h**（h muet）と、子音扱いをする**有音の h**（h aspiré）です。有音の h も発音はしませんが、無音の h と異なり、母音省略やリエゾンはしません。総じて、フランス語にとっての外来語は有音の h になる傾向があるようです。

**des** × **haricots** インゲン豆　　**des** × **hors-d'œuvre** オードブル

**le** × **hasard** 偶然　　**la** × **Hollande** オランダ　　**le** × **héros**

★×印はリエゾンも母音省略もなしということです。

95

# 日付についてやりとりする

**Aujourd'hui, on est le 14 juillet.**

音声をよく聞き、繰り返し声に出して覚えましょう　🎧207

| | |
|---|---|
| On est le combien aujourd'hui ? | 今日は何日ですか？ |
| – Aujourd'hui, on est le 1er janvier. | – 今日は 1 月 1 日です。 |
| Aujourd'hui, on est le 5 mai. | 今日は 5 月 5 日です。 |
| Il fait doux en avril au Japon. | 日本では 4 月は暖かいです。 |
| On peut faire quel sport en juillet ? | 7 月にはどんなスポーツができますか？ |
| – On peut faire du foot / du tennis / de la natation / du basket / | |
| de la pétanque. | – サッカー / テニス / 水泳 / バスケット / ペタンクができます。 |

| janvier | février | mars | avril | mai | juin |
|---|---|---|---|---|---|
| 1 月 | 2 月 | 3 月 | 4 月 | 5 月 | 6 月 |
| juillet | août | septembre | octobre | novembre | décembre |
| 7 月 | 8 月 | 9 月 | 10 月 | 11 月 | 12 月 |

---

2022 年 2 月 2 日水曜日は、**le mercredi 2 février 2022** となります。　🎧208
★月も曜日も小文字で始まります。
★日付には定冠詞 le をつけます。1 日のみ序数 le 1er (premier) ですが、あとは全て基数です。
　**le 1er janvier** 1 月 1 日　　　**le 2 janvier** 1 月 2 日

---

**1**　例にならって日付を答えてください。　🎧209

On est le combien aujourd'hui ?　　　　　今日は何月何日ですか？

　*le 21 mars*　→ **Aujourd'hui, on est *le 21 mars*.**　（3 月 21 日）

(À vous !)

On est le combien aujourd'hui ?

　*le 1er mai*　→ **Aujourd'hui, on est *le 1er mai*.**

　*le 14 juillet*　→ **Aujourd'hui, on est *le 14 juillet*.**

　*le 9 septembre*　→ **Aujourd'hui, on est *le 9 septembre*.**

　*le 2 novembre*　→ **Aujourd'hui, on est *le 2 novembre*.**

*le 24 décembre* → **Aujourd'hui, on est *le 24 décembre*.**

例にならって質問に答えてください。　　　　　　　　　🎧210

Il fait quel temps en janvier au Japon ?　　　　日本では１月はどんな天気ですか？

　*il fait froid et il neige* → **Il fait froid et il neige** en janvier.（寒くて雪が降る）

**À vous !**

Il fait quel temps en avril au Japon ?

　*il fait beau et doux* → **Il fait beau et doux** en avril.

Il fait quel temps en juin au Japon ?

　*il pleut beaucoup et il fait humide*

　　　　　　　　→ **Il pleut beaucoup et il fait humide** en juin.

Il fait quel temps en août au Japon ?

　*il fait très chaud et très humide*

　　　　　　　　→ **Il fait très chaud et très humide** en août.

Il fait quel temps en octobre au Japon ?

　*il fait bon et frais* → **Il fait bon et frais** en octobre.


**3** 例にならって質問に答えてください。　　　　　　　　　🎧211

On peut faire quel sport en février ?　　　　２月にはどんなスポーツができますか？

　*du ski* → **On peut faire *du ski* en février.**　　２月にはスキーができます。

**À vous !**

On peut faire quel sport en mai ?

　*du tennis* → **On peut faire *du tennis* en mai.**

On peut faire quel sport en juillet ?

　*de la natation* → **On peut faire *de la natation* en juillet.**

On peut faire quel sport en septembre ?

　*du basket* → **On peut faire *du basket* en septembre.**

On peut faire quel sport en novembre ?

　*de la pétanque* → **On peut faire *de la pétanque* en novembre.**

## 1. 動詞 partir

「出発する」「去る」「出かける」などを意味する動詞です。不規則動詞ですが、同じ活用をする動詞は sortir（外出する、外に出る）など複数あります。 🎧212

| partir | | | |
|---|---|---|---|
| je | pars | nous | partons |
| tu | pars | vous | partez |
| il / elle | part | ils / elles | partent |

| sortir | | | |
|---|---|---|---|
| je | sors | nous | sortons |
| tu | sors | vous | sortez |
| il / elle | sort | ils / elles | sortent |

## 2. 所有形容詞 (adjectifs possessifs)

フランス語の所有形容詞は、所有されている名詞の性と数によって変わります。3 人称単数の il / elle に相当する部分に注意しましょう！ 英語では、his father（彼の父親）、her father （彼女の父親）を区別しますが、フランス語では区別しません。あくまで「所有されている名詞の性数」に合わせて所有形容詞を選びます。従って son père と言われただけでは、「彼の父親」か「彼女の父親」かはわからないことになります。

| 主語 | 男性単数 | 女性単数 | 複数 |
|---|---|---|---|
| je | mon père | ma mère | mes parents |
| tu | ton père | ta mère | tes parents |
| il / elle | son père | sa mère | ses parents |
| nous | notre père | notre mère | nos parents |
| vous | votre père | votre mère | vos parents |
| ils / elles | leur père | leur mère | leurs parents |

単数女性名詞でも母音で始まる語には mon, ton, son を使います。ma + adresse → mon adresse 私のアドレス

## 3. 指示形容詞 (adjectifs démonstratifs)

「この〜」「あの〜」「その〜」という時に用いる形容詞です。英語の、this..., that..., its.... に相当します。しかし、フランス語では日本語や英語と違って、「この〜」「あの〜」「その〜」の区別がありません。遠近は文脈で判断されます。

男性形の単数には形が 2 つあり、母音もしくは無音の h で始まる名詞の前では ce が cet [set] となり、アンシェヌマンします。複数形 ces のあとではリエゾンします。

| | 単数 | 複数 |
|---|---|---|
| 男性名詞 | ce sac / cet agenda | ces sacs / ces agendas |
| 女性名詞 | cette montre | ces clés |

## 4. 部分冠詞 (article partitif)

不定冠詞は 1 つ、2 つと数えられる可算名詞につきますが、部分冠詞は 1 つ、2 つと数えられない名詞 (不加算名詞) につきます。不定冠詞と部分冠詞は可算か不可算かの違いはあっても、ともに不特定の名詞につく兄弟のようなものです。

**C'est un sac.** これはカバンです。(どういうカバンかは不明)

**C'est *du* thé vert.** これは緑茶です。(どういうお茶かは不明)

大きなものの一部分を表す意味でも用います。

**Je mange un saumon.** 私は鮭を 1 匹全部食べます。

**Je mange *du* saumon.** 私は鮭 (の一部、切り身) を食べます。

## 5. 否定の de («de» de négation)

否定文では、他動詞 (avoir, manger, boire など) の直接目的語についている不定冠詞、部分冠詞、数量をあらわす表現は de に変わります。存在がゼロになるから 1 つも 2 つも言えなくなる、と考えましょう。

**Il n'y a pas *de* balcon chez elle.** 彼女の家にベランダはありません。

定冠詞はそのままです。

**Je ne regarde pas la télé le soir.** 夜は夜はテレビは見ません。

動詞が他動詞でなければ、不定冠詞や部分冠詞でもそのままです。C'est ... の文では、不定冠詞もそのまま残ります。

**Ce n'est pas un étudiant français.** こちらはフランスの学生ではありません。

## 6. 命令形 (impératif)

命令形は、大部分の動詞は平叙文から主語を取り除いてつくります、否定文も同様です。英語では〈Let's + 動詞〉の原形で表す「～しよう」も、フランス語では 1 人称複数 (nous) への命令形と考えます。-er 動詞の tu の場合は、語尾の s を消します。代名動詞の場合は、主語を取った後、代名詞と動詞を倒置し、ハイフンでつなぎます。その際、te は toi という強勢形を用います。

**Tu chantes à voix haute.** → *Chante* à voix haute. 大きな声で歌いなさい。

**Tu te lèves tôt.** → *Lève-toi* tôt. 早く起きなさい。

# 綴り字の読み方の練習 (2)

## Ma fille s'appelle Camille et elle travaille à Versailles.

複母音字および子音字も交えた綴り字の読み方の練習です。表現や動詞を入れ替えたり、前文に付加したりして、口を鍛えましょう。

**1** eu / œu [œ] の練習　🎧213

よく聞いて音をまねましょう。口はしっかりと開き、「エ」と「ア」を同時に発音するような気持ちで出してみましょう。

Il est vend<u>eu</u>r.　　　　　　　　　　　　　　　　彼は販売員です。

| *cherch<u>eu</u>r* | → Il est *cherch<u>eu</u>r.* | （研究者） |
| *chant<u>eu</u>r* | → Il est *chant<u>eu</u>r.* | （歌手） |
| *act<u>eu</u>r* | → Il est *act<u>eu</u>r.* | （俳優） |
| *direct<u>eu</u>r* | → Il est *direct<u>eu</u>r.* | （ディレクター） |

動詞を活用させて入れ替えましょう。

L<u>eu</u>r s<u>œu</u>r a un grand c<u>œu</u>r.　　　　　彼ら（彼女たち）の姉（妹）は心が広い。

*s'appeler Fl<u>eu</u>r.*　　　　　　　　　　　　（名前をフルールという）

　→ L<u>eu</u>r s<u>œu</u>r *s'appelle Fl<u>eu</u>r.*

*aimer un act<u>eu</u>r japonais*　　　　　　　（ある日本の俳優が好き）

　→ L<u>eu</u>r s<u>œu</u>r *aime un act<u>eu</u>r japonais.*

*habiter à Honfl<u>eu</u>r*　　　　　　　　　　（オンフルールに住んでいる）

　→ L<u>eu</u>r s<u>œu</u>r *habite à Honfl<u>eu</u>r.*

**2** eu / œu [ø] の練習　🎧214

よく聞いて音をまねましょう。「ウ」に近い音ですが、口はすぼめて突き出し、「ウ」と「エ」を同時に発音するような音です。

Elle est amour<u>eu</u>se.　　　　　　　　　　　彼女は恋している。

| *heur<u>eu</u>se* | → Elle est *heur<u>eu</u>se.* | （幸せな） |
| *joy<u>eu</u>se* | → Elle est *joy<u>eu</u>se.* | （陽気な） |
| *radi<u>eu</u>se* | → Elle est *radi<u>eu</u>se.* | （光り輝いている） |
| *mystéri<u>eu</u>se* | → Elle est *mystéri<u>eu</u>se.* | （ミステリアスな） |
| *avoir de beaux y<u>eu</u>x bleus* | → Elle *a de beaux y<u>eu</u>x bleus.* | （青い目） |

*avoir des cheveux blonds*    → **Elle *a des cheveux blonds*.**    （金髪）

**3** ou [u] の練習    🎧215

「オウ」ではありません。口を突き出し、口の奥のほうで発音します。

Vous êtes guide touristique ?    あなたは観光ガイドですか？

   *à Toulouse*    → **Vous êtes guide touristique *à Toulouse* ?**    （トゥルーズで）

   *à Rouen*    → **Vous êtes guide touristique *à Rouen* ?**    （ルーアンで）

   *à Mulhouse*    → **Vous êtes guide touristique *à Mulhouse* ?**    （ミュルーズで）

   *à Angoulême*    → **Vous êtes guide touristique *à Angoulême* ?**

      （アングレームで）

   *à Vesoul*    → **Vous êtes guide touristique *à Vesoul* ?**    （ヴズールで）

**4** gn [ɲ] の練習    🎧216

「グヌ」ではありません。「ニュ」に近い音です。

Agnès travaille.    アニェスは働いています。

   *en Allemagne*    → **Agnès travaille *en Allemagne*.**    （ドイツで）

   *à la campagne*    → **Agnès travaille *à la campagne*.**    （田舎で）

   *avec son compagnon*    → **Agnès travaille *avec son compagnon*.**

      （パートナーと一緒に）

   *cultiver des vignes et des champignons*    （ブドウとキノコを植える）

      → **Agnès *cultive des vignes et des champignons*.**

   *se baigner en Espagne*    → **Agnès *se baigne en Espagne*.**    （スペインで泳ぐ）

**5** ill [ij] の練習    🎧217

「イル」ではなく、強いヤ行の音になります。動詞は活用させてください。

Ma fille s'appelle Camille.    私の娘はカミーユという名前です。

   *travailler*    → **Ma fille s'appelle Camille et elle *travaille*.**    （働いている）

   *à Versailles*    （ヴェルサイユで）

      → **Ma fille s'appelle Camille et elle travaille *à Versailles*.**

   *avec un Marseillais*    （マルセイユの人と）

      → **Ma fille s'appelle Camille et elle travaille à Versailles *avec un***

        ***Marseillais*.**

# 代名動詞の練習

## Je m'intéresse à la politique.

音声をよく聞き、繰り返し声に出して覚えましょう 🎧218

**Vous vous levez tôt ?**
あなたは早く起きますか？

**– Oui, je me lève assez tôt pendant la semaine.**

– はい、平日はかなり早く起きます。

**Ils se lèvent tard le dimanche matin.**
彼らは日曜の朝は遅く起きます。

**Tu te couches tôt ce soir?**
今夜は早くに寝るの？

**– Non, je ne me couche pas tôt ce soir.**
– いいえ、今夜は早くは寝ないわ。

**Vous vous appelez comment ?**
お名前は何とおっしゃいますか？

**Il s'appelle comment ?**
彼は何という名前ですか？

**Vous vous intéressez au foot ?**
サッカーに興味ありますか？

**Je m'intéresse à la politique.**
私は政治に興味があります。

---

**1** 例にならって質問に oui で答えてください。 🎧219

Théo, vous vous levez tôt le matin ?
テオ、あなたは朝早く起きますか？

→ **Oui, je me lève assez tôt pendant la semaine.**

はい、平日はかなり早く起きます。

[ À VOUS ! ]

Il se lève tôt ? → **Oui, il se lève assez tôt pendant la semaine.**

Elle se lève tôt ? → **Oui, Elle se lève assez tôt pendant la semaine.**

Tu te lèves tard le dimanche matin ?

→ **Oui, je me lève assez tard le dimanche matin.**

Tes frères se lèvent tard le dimanche matin ?

→ **Oui, ils se lèvent assez tard le dimanche matin.**

Elles se lèvent tard le dimanche matin ?

→ **Oui, elles se lèvent assez tard le dimanche matin.**

Tu te couches tôt ce soir ?　　　　　　　　　　　　今夜は早くに寝るの？

　→ **Non, je ne me couche pas tôt ce soir.**　　いえ、今夜は早く寝ないわ。

[À vous !]

Il se couche tôt ce soir ?　　　　　→ **Non, il ne se couche pas tôt ce soir.**

Elle se couche tôt ce soir ?　　　　→ **Non, elle ne se couche pas tôt ce soir.**

Théo, vous vous couchez tard ce soir ?

　　　　　　　　　　　　　→ **Non, je ne me couche pas tard ce soir.**

Il s'appelle comment ?　　　　　　　　　　　　　彼は何という名前ですか？

*Étienne*　　　　　　　→ **Il s'appelle *Étienne*.**　　　　（エティエンヌ）

[À vous !]

Elle s'appelle comment ?　　　*Émilie*　　　→ **Elle s'appelle *Émilie*.**

Tu t'appelles comment ?　　　*Nicolas*　　　→ **Je m'appelle *Nicolas*.**

Vous vous appelez comment ?　　*Yoko*　　　→ **Je m'appelle *Yoko*.**

Ce restaurant s'appelle comment ?

　　　　　　　　　　　*Rive Gauche* → **Il s'appelle *Rive Gauche*.**

Je m'intéresse au foot.　　　　　　　　　　私はサッカーに興味があります。

　*tu t'intéresses*　　　　→ ***Tu t'intéresses* au foot.**　　　（君は）

[À vous !]

Tu t'intéresses au foot.

　*la musique*　　　　→ **Tu t'intéresses à *la musiqu*e.**

　*vous vous intéressez*　→ ***Vous vous intéressez* à la musique.**

　*le cinéma*　　　　→ **Vous vous intéressez *au cinéma*.**

　*il s'intéresse*　　　→ ***Il s'intéresse* au cinéma.**

　*la politique*　　　→ **Il s'intéresse à *la politique*.**

　*je m'intéresse*　　　→ ***Je m'intéresse* à la politique.**

# 親族について伝える

## C'est sa tante.

| | |
|---|---|
| C'est l'oncle de Sophie ? | こちらはソフィのおじさんですか？ |
| – Oui, c'est son oncle. | – はい、彼女のおじさんです。 |
| C'est la tante de Pierre ? | こちらはピエールのおばさんですか？ |
| – Oui, c'est sa tante. | – はい、彼のおばさんです。 |
| Ce sont les cousines de Sophie ? | こちらはソフィのいとこ〔女性〕たちですか？ |
| – Non, ce ne sont pas ses cousines. | – いいえ、違います。 |
| Ce sont les enfants de Sophie et Pierre ? | |
| | こちらはソフィとピエールの子供たちですか？ |
| – Oui, ce sont leurs enfants. | – はい、彼らの子供たちです。 |
| Sophie, c'est ma nièce. | ソフィーは私の姪です。 |
| Thomas, c'est notre neveu. | トマは私たちの甥です。 |
| Théo et Marie, ce sont nos cousins. | テオとマリは私たちのいとこ〔男性〕です。 |

**1** 例にならって質問に oui で答えてください。 🎧224

C'est la mère de Pierre ? こちらはピエールのお母さんですか？

→ **Oui, c'est sa mère.** はい、彼のお母さんです。

[À vous !]

Ce sont les sœurs de Pierre ? → **Oui, ce sont ses sœurs.**

C'est le père de Pierre ? → **Oui, c'est son père.**

C'est la cousine de Pierre ? → **Oui, c'est sa cousine.**

Ce sont les enfants de Pierre ? → **Oui, ce sont ses enfants.**

Ce sont les parents de Sophie ? → **Oui, ce sont ses parents.**

C'est l'oncle de Pierre ? → **Oui, c'est son oncle.**

**2** 例にならって質問に non で答えてください。 🎧225

C'est son père ? こちらは彼の（彼女の）お父さんですか？

→ **Non, c'est mon père.** いいえ、私の父です。

À vous !

| | |
|---|---|
| C'est sa nièce ? | → **Non, c'est ma nièce.** |
| Ce sont ses frères ? | → **Non, ce sont mes frères.** |
| C'est sa fille ? | → **Non, c'est ma fille.** |
| Ce sont ses enfants ? | → **Non, ce sont mes enfants.** |
| C'est sa mère ? | → **Non, c'est ma mère.** |
| Ce sont ses sœurs ? | → **Non, ce sont mes sœurs.** |
| C'est son neveu ? | → **Non, c'est mon neveu.** |
| C'est son oncle ? | → **Non, c'est mon oncle.** |

**3** 例にならって質問に oui で答えてください。　　　　　　　　　🎧226

C'est la mère de Thomas et Pierre ?　　こちらはトマとピエールのお母さんですか？

　→ **Oui, c'est leur mère.**　　　　　　　　　　　　はい、そうです。

À vous !

| | |
|---|---|
| Ce sont les sœurs de Thomas et Pierre ? | → **Oui, ce sont leurs sœurs.** |
| C'est le frère de Thomas et Pierre ? | → **Oui, c'est leur frère.** |
| C'est la cousine de Thomas et Pierre ? | → **Oui, c'est leur cousine.** |
| C'est la fille de Sophie et Pierre ? | → **Oui, c'est leur fille.** |
| Ce sont les parents de Thomas et Pierre ? | → **Oui, ce sont leurs parents.** |
| C'est l'oncle de Thomas et Pierre ? | → **Oui, c'est leur oncle.** |

**4** 例にならって質問に non で答えてください。　　　　　　　　　🎧227

C'est leur père ?　　　　　　　　こちらは彼らの（彼女たちの）お父さんですか？

　→ **Non, c'est notre père.**　　　　　　　　　いいえ、私たちの父です。

À vous !

| | |
|---|---|
| C'est leur tante ? | → **Non, c'est notre tante.** |
| Ce sont leurs frères ? | → **Non, ce sont nos frères.** |
| C'est leur fille ? | → **Non, c'est notre fille.** |
| Ce sont leurs enfants ? | → **Non, ce sont nos enfants.** |
| Ce sont leurs sœurs ? | → **Non, ce sont nos sœurs.** |
| C'est leur fils ? | → **Non, c'est notre fils.** |

# 人に勧める、命令する

## Dansons ensemble !

音声をよく聞き、繰り返し声に出して覚えましょう
🎧228

| | |
|---|---|
| **Chante à voix haute.** | 大きな声で歌いなさい。 |
| **Ne regarde pas cette émission. C'est ennuyeux. C'est nul.** | |
| | この番組は見ないように。つまらないよ。最低だよ。 |
| **Fais attention ! C'est dangereux.** | 気をつけて！ 危険よ。 |
| **Écoute cette histoire. C'est amusant.** | この話を聞いて。おかしいよ。 |
| **Étudie le français. C'est intéressant.** | フランス語を勉強しなさい。おもしろいよ。 |
| **Prenez des vitamines. C'est important.** | ビタミンを取りなさい。大切です。 |
| **Dansons ensemble ! C'est très sympa.** | 一緒に踊ろう！ とても楽しいよ。 |
| **Lève-toi tôt. C'est nécessaire.** | 早く起きなさい。必要なことです。 |
| **Amusez-vous bien ! C'est passionnant.** | 楽しみなさい。わくわくしますよ。 |
| **Dépêche-toi ! C'est urgent.** | 急いで！ 緊急なの。 |

**1** 例にならって言いかえてください。　　　　　　🎧229

Tu danses avec moi. → **Danse avec moi.** 　私と一緒に踊って。

Vous ne mangez pas trop. → **Ne mangez pas trop.** 　食べ過ぎないで。

( À VOUS ! )

Tu chantes à voix haute. → **Chante à voix haute.**

Tu ne regardes pas cette émission. → **Ne regarde pas cette émission.**

Tu écoutes cette histoire. → **Écoute cette histoire.**

Tu étudies le français. → **Étudie le français.**

Vous étudiez le français. → **Étudiez le français.**

Tu fais attention. → **Fais attention !**

Vous faites attention. → **Faites attention !**

Tu prends des vitamines → **Prends des vitamines.**

Vous prenez des vitamines. → **Prenez des vitamines.**

Nous chantons ensemble. → **Chantons ensemble.**

Nous dansons ensemble. → **Dansons ensemble.**

**2** 例にならって言いかえてください。 🎧230

Vous vous levez tôt.   → **Levez-vous tôt.**   早く起きてください。

Tu te lèves tôt.   → **Lève-toi tôt.**   早く起きて。

(À vous !)

Tu t'amuses bien.   → **Amuse-toi bien !**

Vous vous amusez bien.   → **Amusez-vous bien !**

Tu te dépêches.   → **Dépêche-toi !**

Vous vous dépêchez.   → **Dépêchez-vous !**

Tu ne te couches pas tard.   → **Ne te couche pas tard.**

Vous ne vous couchez pas tard.   → **Ne vous couchez pas tard.**

**3** 例にならって言いかえてください。C'est とのリエゾンを忘れないように。 🎧231

passionnant   → **C'est passionnant.**   わくわくする。

(À vous !)

intéressant   → **C'est intéressant.**

sympa   → **C'est sympa.**

amusant   → **C'est amusant.**

important   → **C'est important.**

ennuyeux   → **C'est ennuyeux.**

urgent   → **C'est urgent.**

nul   → **C'est nul.**

dangereux   → **C'est dangereux.**

**4** 例にならって言いかえてください。très とのリエゾンを忘れないように。 🎧232

très / intéressant   → **C'est très intéressant.**

(À vous !)

très / important   → **C'est très important.**

très / amusant   → **C'est très amusant.**

très / urgent   → **C'est très urgent.**

très / ennuyeux   → **C'est très ennuyeux.**

très / intéressant   → **C'est très intéressant.**

# finir 型動詞の練習
### Il finit son travail.

| | |
|---|---|
| Je finis mon travail à six heures. | 私は自分の仕事を6時に終えます。 |
| Tu finis ton travail à six heures ? | 君は仕事を6時に終えるの？ |
| Vous finissez votre travail à six heures ? | あなたは仕事を6時に終えますか？ |
| Elle finit son travail à six heures. | 彼女は6時に仕事を終えます。 |
| Nous finissons notre travail à six heures. | 私たちは6時に仕事を終えます。 |
| Ils finissent leur travail à six heures. | 彼らは6時に仕事を終えます。 |

**choisir** 選ぶ　**réussir** 成功する　**obéir** 従う　　**grandir** 大きくなる

**grossir** 太る　**maigrir** 痩せる　**vieillir** 年をとる　**rougir** 赤くなる

---

**1** 例にならって言いかえてください。人名は代名詞にしましょう。　🎧234

Je finis mon travail à dix-sept heures.　　　　　　私は17時に仕事を終える。

*tu*　　　　　　　　→ *Tu* finis ton travail à dix-sept heures ?　　（君は）

**( À vous ! )**

Tu finis ton travail à dix-sept heures ?

*Paul*　　　　　　→ *Il* finit son travail à dix-sept heures ?

*nous*　　　　　　→ *Nous* finissons notre travail à dix-sept heures ?

*vous*　　　　　　→ *Vous* finissez votre travail à dix-sept heures ?

*Pierre et Théo*　→ *Ils* finissent leur travail à dix-sept heures ?

*Marie*　　　　　→ *Elle* finit son travail à dix-sept heures ?

---

**2** 例にならって言いかえてください。人名は代名詞にしましょう。　🎧235

Je choisis ce bouquet de fleurs pour ma mère.　　私はこの花束を母のために選ぶ。

*tu*　　　　　　　　→ Tu choisis ce bouquet de fleurs pour ta mère.　（君は）

**( À vous ! )**

Tu choisis ce bouquet de fleurs pour ta mère.

*Paul*　　　　　　→ Il choisit ce bouquet de fleurs pour sa mère.

*nous*　　　　　　→ Nous choisissons ce bouquet de fleurs pour notre mère.

| *vous* | → **Vous choisissez ce bouquet de fleurs pour votre mère.** |
| *Pierre et Théo* | → **Ils choisissent ce bouquet de fleurs pour leur mère.** |
| *Marie* | → **Elle choisit ce bouquet de fleurs pour sa mère.** |

**3** 例にならって言いかえてください。人名は代名詞にしましょう。　　　🎧236

Je réussis à mes examens.　　　　　　　　　　　　　私は試験に合格する。

| *tu* | → **Tu réussis à tes examens.** | （君は） |

（À vous !）

Tu réussis à tes examens.

| *Paul* | → *Il* **réussit à ses examens.** |
| *nous* | → *Nous* **réussissons à nos examens.** |
| *vous* | → *Vous* **réussissez à vos examens.** |
| *Pierre et Théo* | → *Ils* **réussissent à leurs examens.** |
| *Marie* | → *Elle* **réussit à ses examens.** |

**4** 例にならって言いかえてください。人名は代名詞にしましょう。　　　🎧237

Je n'obéis pas à mes parents.　　　　　　　　　　　私は両親には従わない。

| *tu* | → *Tu* **n'obéis pas à tes parents.** | （君は） |

（À vous !）

| *Paul* | → *Il* **n'obéit pas à ses parents.** |
| *nous* | → *Nous* **n'obéissons pas à nos parents.** |
| *vous* | → *Vous* **n'obéissez pas à vos parents.** |
| *Pierre et Théo* | → *Ils* **n'obéissent pas à leurs parents.** |
| *Marie* | → *Elle* **n'obéit pas à ses parents.** |

🎧238

### 流音

　rやlのことを**流音**（liquide）と呼びます。流音の前に他の子音があるとき、その子音と流音は1文字と考えます。不可分に結びつき、一気に発音します。決して分けて発音しません。

votre travail　　une cravate grise　　un tableau　　une trousse blanche

février　　avril　　septembre　　octobre　　décembre

# 文法のページ 5

## 1. 代名動詞 (verbes pronominaux)

　フランス語には「起きる」「寝る」という自動詞がありません。そのため、自分自身を目的語にして動詞を組み立てます。このような動詞を**代名動詞**といいます。

「私は自分を寝かせる」　→「私は寝る」　**Je me couche.**

「私は自分を起こす」　→「私は起きる」　**Je me lève.**

　この本の最初で学んだ自己紹介の表現 « Je m'appelle Nicolas. » も s'appeler (「私は自分を～と呼びます」→「私は～といいます」) という代名動詞なのです。

　代名動詞の不定詞には、3人称の代名詞 se を動詞の前につけます。辞書は se をとった不定詞の形で引き、代名動詞の項目を探してください。

🎧239

| se coucher　寝る | |
|---|---|
| je　me　couche | nous　nous couchons |
| tu　te　couches | vous　vous couchez |
| il / elle　se　couche | ils / elles　se　couchent |

> Je　me　couche
> 私は 自分を 寝かせる
> →私は寝る

| se lever　起きる | |
|---|---|
| je　me　lève | nous　nous levons |
| tu　te　lèves | vous　vous levez |
| il / elle　se　lève | ils / elles　se　lèvent |

> Je　me　lève
> 私は 自分を 起こす
> →私は起きる

## 2. finir 型動詞の活用

　不定詞の語尾は -ir で終わり、下線部分は共通します。同様の活用をする動詞が多いので、「finir 型」とも呼ばれます。partir も不定詞の語尾が –ir ですが、活用はまったく違いますので (発音は p.98)、気をつけましょう。

🎧240

| finir　終える | |
|---|---|
| je fin<u>is</u> | nous fin<u>issons</u> |
| tu fin<u>is</u> | vous fin<u>issez</u> |
| il / elle fin<u>it</u> | ils / elles fin<u>issent</u> |

| partir　出発する | |
|---|---|
| je pars | nous partons |
| tu pars | vous partez |
| il / elle part | ils / elles partent |

## 3. 比較級 (comparatif)

　形容詞の比較には plus, aussi, moins を用い、que と組み合わせます。

優等比較

    **plus** + 形容詞・副詞 + **que** 比較対象         「程度がより高く（多く）〜である」

同等比較

    **aussi** + 形容詞・副詞 + **que** 比較対象       「程度が同じくらい〜である」

劣等比較

    **moins** + 形容詞・副詞 + **que** 比較対象     「程度がより低く（少なく）〜である」

## **4.** 複合過去（passé composé）

〈avoir もしくは être の現在形 + 過去分詞〉で作る過去形です。

複合過去は英語の「過去」と「現在完了」の両方を表しますが、どちらになるかは、文脈によって判断します。

大半の動詞が avoir と組み合わされますが、移動や状態の変化に関する一部の自動詞および代名動詞は être と組み合わされます。

### 過去分詞の形

★ -er 動詞（規則動詞） danser → **dansé**（不定詞と発音は同じ）

★不規則動詞 avoir → j'ai **eu** ([y] 例外的な発音 )      être → j'ai **été**

| | | | |
|---|---|---|---|
| aller → je suis **allé(e)** | faire → j'ai **fait** | mettre → j'ai **mis** |
| partir → je suis **parti(e)** | pouvoir → j'ai **pu** | prendre → j'ai **pris** |
| venir → je suis **venu(e)** | voir → j'ai **vu** | vouloir → j'ai **voulu** |

🎧241

| avoir と組み合わせる動詞の例 ||
|---|---|
| j' ai dansé | nous avons dansé |
| tu as dansé | vous avez dansé |
| il a dansé | ils ont dansé |
| elle a dansé | elles ont dansé |

> 過去分詞は変化なしです。

| être と組み合わせる動詞の例 ||
|---|---|
| je suis allé(e) | nous sommes allé(e)s |
| tu es allé(e) | vous êtes allé(e)(s) |
| il est allé | ils sont allés |
| elle est allée | elles sont allées |

> 過去分詞は主語の性と数に一致させます。

否定形は avoir や être を ne と pas ではさみます。過去分詞ははさみません。

    Elles *n'*ont *pas* chanté au karaoké.

# 衣類について話す

## Je peux essayer cette jupe ?

音声をよく聞き、繰り返し声に出して覚えましょう 🎧242

| | |
|---|---|
| J'aime bien ce manteau gris. | 私はこの灰色のコートがとても好きです。 |
| Je prends cette jolie veste noire. | このきれいな黒い上着を買います。 |
| Tu prends ce pull rouge ? | この赤いセーターを買う？ |
| Elle ne prend pas cette robe blanche. | 彼女はこの白いドレスは買いません。 |
| Vous aimez ces chaussures beiges ? | このベージュの靴はお好きですか？ |
| Je peux essayer cette jupe ? | このスカートを試着してもいいですか？ |

**une veste**
上着

**une chemise**
シャツ

**une jupe**
スカート

**une cravate**
ネクタイ

**des chaussures**
靴

**un ensemble**
アンサンブル

**une robe**
ワンピース

**un pantalon**
ズボン

**un imperméable**
レインコート

**un chapeau**
帽子

**blanc (blanche)** 白い　**beige** ベージュの　**bleu(e)** 青い　**gris(e)** 灰色の

**jaune** 黄色の　**noir(e)** 黒い　**vert(e)** 緑の　**violet(te)** 紫の

---

**1** 例にならって言いかえてください。　🎧243

J'aime bien cette chemise bleue.　　　　私はこの青いシャツがとても好きです。

|   |   |   |
|---|---|---|
| *vous* | → *Vous* aimez bien cette chemise bleue. | （あなたは） |
| *ces chaussures* | → Vous aimez bien *ces chaussures*. | （この靴が） |

[ **À vous !** ]

J'aime bien ce pantalon beige.

|   |   |
|---|---|
| *cet ensemble jaune* | → J'aime bien *cet ensemble jaune*. |
| *cette cravate violette* | → J'aime bien *cette cravate violette*. |
| *tu* | → *Tu* aimes bien cette cravate violette. |

| ce chapeau noir | → Tu aimes bien *ce chapeau noir*. |
|---|---|
| *ma fille* | → *Ma fille* aime bien ce chapeau noir. |
| *cet imperméable blanc* | → Ma fille aime bien *cet imperméable blanc*. |

**2** 例にならって言いかえてください。　　　　　　　　　　　🎧244

Je prends ce manteau blanc.　　　　　　　　私は白いコートを着ています。

| *une robe blanche* | → Je prends *cette robe blanche*.　（白いワンピース） |
|---|---|

( À vous ! )

Je prends cette robe blanche.

| *vous* | → *Vous prenez* cette robe blanche. |
|---|---|
| *une jupe verte* | → Vous prenez *cette jupe verte*. |
| *Élodie* | → *Élodie* prend cette jupe verte. |
| *un pull gris* | → Élodie prend *ce pull gris*. |
| *tu* | → *Tu prends* ce pull gris. |
| *un ensemble violet* | → Tu prends *cet ensemble violet*. |

**3** 例にならって言いかえてください。　　　　　　　　　　　🎧245

| *ce manteau* | → Je peux essayer *ce manteau* ? |
|---|---|

( À vous ! )

| *cette cravate* | → Je peux essayer *cette cravate* ? |
|---|---|
| *ce pull* | → Je peux essayer *ce pull* ? |
| *cet ensemble* | → Je peux essayer *cet ensemble* ? |
| *cette jupe* | → Je peux essayer *cette jupe* ? |
| *ces chaussures* | → Je peux essayer *ces chaussures* ? |
| *ce pantalon* | → Je peux essayer *ce pantalon* ? |

🎧246

---
### アクセント記号　トレマ

　トレマ (tréma) は複母音字をそれぞれ別個の母音として発音する際に使います。左が複母音字、右側が複母音字を切り離した読み方です。

| **ai** [e / ɛ] **français**[frɑ̃sɛ] | **Aïe** [aj] 痛い！ |
|---|---|
| **oi** [wa] **oiseau**[ wazo] | **héroïne** [erɔin] ヒロイン |
| **œ** [œ] **sœur**[sœr] | **Noël** [nɔɛl] クリスマス |

---

# 比較する

## C'est moins cher !

音声をよく聞き、繰り返し声に出して覚えましょう　🎧247

| | |
|---|---|
| C'est moins cher. | そのほうが安い。 |
| C'est loin. | それは遠い。 |
| C'est proche. | それは近い。 |
| C'est plus rapide. | そのほうが速い。 |
| C'est gratuit. | それは無料だ。 |
| Vous allez à Versailles en bus ? | ヴェルサイユにバスで行きますか？ |
| – Oui, parce que c'est pratique. | – はい、便利だからです。 |

  **en train** 電車で  **en avion** 飛行機で  **en voiture** 車で

  **en taxi** タクシーで  **à vélo** 自転車で  **à pied** 徒歩で

| | |
|---|---|
| Elle est plus intelligente que lui. | 彼女は彼よりも知的です。 |
| Elle est aussi gentille que toi. | 彼女はあなたと同じくらいに親切です。 |
| Il fait moins chaud aujourd'hui qu'hier. | 今日は昨日よりも暑くありません。 |

**1** 例にならって理由を答えてください。　🎧248

Madame, vous allez à Kobé en train ?  神戸へは電車で行きますか？

 *loin*   → **Oui, parce que c'est *loin*.**  はい、遠いからです。

[ **À vous !** ]

Elles vont à la tour Eiffel à vélo ?

 *gratuit*  → **Oui, parce que c'est *gratuit*.**

Ils vont à Marseille en voiture ?

 *bon marché* → **Oui, parce que c'est *bon march*é.**

Vous allez à la cathédrale Notre-Dame à pied ?

 *proche*  → **Oui, parce que c'est *proche*.**

Tu vas au musée du Louvre en métro ?

 *moins cher* → **Oui, parce que c'est *moins cher*.**

Elle va à Lyon en taxi ?

 *plus pratique* → **Oui, parce que c'est *plus pratique*.**

Ils vont à Londres en avion ?

　*plus rapide*　　→ **Oui, parce que c'est *plus rapide*.**

**2** 例にならって言いかえてください。　　　　　　　　　　　🎧249

Elle est plus gentille que lui.　　　　　　　　　彼女は彼よりも親切だ。

　*grand*　　→ **Elle est plus *grande* que lui.**　　　　　（背が高い）

(À vous !)

Elle est plus grande que lui.

　*petit*　　　　　　→ **Elle est plus *petite* que lui.**

　*moi*　　　　　　→ **Elle est plus petite que *moi*.**

　*plus intelligent*　　→ **Elle est *plus intelligente* que moi.**

　*eux*　　　　　　→ **Elle est plus intelligente qu'*eux*.**

　*moins gentil*　　→ **Elle est *moins gentille* qu'eux.**

　*toi*　　　　　　→ **Elle est moins gentille que *toi*.**

　*aussi grand*　　→ **Elle est *aussi grande* que toi.**

**3** 例にならって質問に non で答えてください。　　　　🎧250

Il fait moins chaud aujourd'hui qu'hier ?　　　今日は昨日より暑くないですか？

　→ **Non, il fait plus chaud aujourd'hui qu'hier.** いいえ、昨日よりも暑いです。

(À vous !)

Il fait plus froid aujourd'hui qu'hier ?

　→ **Non, il fait moins froid aujourd'hui qu'hier.**

Il fait moins beau aujourd'hui qu'hier ?

　→ **Non, il fait plus beau aujourd'hui qu'hier.**

Il fait moins humide aujourd'hui qu'hier ?

　→ **Non, il fait plus humide aujourd'hui qu'hier.**

---

　フランス語には「安い」という形容詞がありません。値段を比較するとき、cher（高い）、pas cher（高くない）、bon marché（お買い得）などの表現を用います。そのため「こっちのほうが安い」というときも、「こっちのほうが高くない」« C'est moins cher. » という表現になります。

# 過去のことを言う（1）

## J'ai vu François le mois dernier.

| | |
|---|---|
| Qu'est-ce que tu as fait hier ? | 昨日は何をしたの？ |
| – Hier, j'ai étudié le français. | – フランス語を勉強したの。 |
| Vous avez vu François le mois dernier ? | 先月、フランソワに会いましたか？ |
| – Oui, j'ai vu François le mois dernier. | – はい、先月、会いました。 |
| – Non, je n'ai pas vu François le mois dernier. | – いいえ、先月は会っていません。 |
| Vous avez déjà visité la Chine ? | あなたは中国を訪れたことがありますか？ |
| – Oui, j'ai déjà visité la Chine. | – はい、訪れたことがあります。 |
| – Non, je n'ai jamais visité la Chine. | – いいえ、一度もありません。 |

**1** 例にならって複合過去形にしてください。 ∩252

| je danse | → **J'ai dansé** |
|---|---|

(À vous !)

| j'habite | → **j'ai habité** |
|---|---|
| je mange | → **j'ai mangé** |
| je travaille | → **j'ai travaillé** |
| j'aime | → **j'ai aimé** |
| j'écoute | → **j'ai écouté** |
| j'étudie | → **j'ai étudié** |
| je fais | → **j'ai fait** |
| je vois | → **j'ai vu** |

> 大半の動詞は avoir と組み合わせます。

**2** 例にならって複合過去形にしてください。 ∩253

| je ne danse pas | → **je n'ai pas dansé** |
|---|---|

(À vous !)

| je n'habite pas | → **je n'ai pas habité** |
|---|---|
| je ne mange pas | → **je n'ai pas mangé** |
| je ne travaille pas | → **je n'ai pas travaillé** |

> 否定形は、avoir を ne と pas ではさんだあとに、過去分詞をつけます。

| je n'aime pas | → **je n'ai pas aimé** |
|---|---|
| je n'écoute pas | → **je n'ai pas écouté** |
| je n'étudie pas | → **je n'ai pas étudié** |
| je ne fais pas | → **je n'ai pas fait** |
| je ne vois pas | → **je n'ai pas vu** |

**3** 例にならって質問に答えてください。　　　　　　　　　🎧254

Qu'est-ce que tu as fait hier ?　　　　　　　　　　　昨日は何をしたの？

　*étudier le français*　→ **Hier, j'*ai étudié le français*.**　（フランス語を勉強する）

[ À vous ! ]

Qu'est-ce que vous avez fait ce week-end ?

　*manger au restaurant*　　→ **Ce week-end, j'*ai mangé au restaurant*.**

Qu'est-ce que vous avez fait la semaine dernière ?

　*faire un gâteau*　　　　→ **La semaine dernière, j'*ai fait un gâteau*.**

Qu'est-ce que vous avez fait pendant les vacances ?

　*voir une amie*　　　　→ **Pendant les vacances, j'*ai vu une amie*.**

**4** 例にならって質問に non で答えてください。　　　　　　🎧255

Vous avez vu François le mois dernier ?　　　先月、フランソワに会いましたか？

　→ **Non, je n'ai pas vu François le mois dernier.**　いいえ、会っていません。

[ À vous ! ]

Tu as fait des courses aujourd'hui ?

　→ **Non, je n'ai pas fait de courses aujourd'hui.**

Vous avez étudié le français le week-end dernier ?

　→ **Non, je n'ai pas étudié le français le week-end dernier.**

Vous avez déjà visité la Chine ?　　→ **Non, je n'ai jamais visité la Chine.**

Tu as déjà habité en France ?　　→ **Non, je n'ai jamais habité en France.**

🎧256

> 過去の時点を表す表現を覚えましょう。
>
> **hier** 昨日　**la semaine dernière** 先週　**le mois dernier** 先月
>
> **l'année dernière** 昨年　**il y a 3 jours** 3日前に　**lundi dernier** 先日の月曜日

# 過去のことを言う（2）

### Je ne suis pas allé(e) à Nice l'année dernière.

音声をよく聞き、繰り返し声に出して覚えましょう　🎧257

| | |
|---|---|
| **Elle est arrivée hier soir à vingt heures.** | 彼女は昨日 20 時に着きました。 |
| **Ils sont partis pour Lille hier soir.** | 彼らは昨晩リルに発ちました。 |
| **Il est rentré chez lui à 22 heures.** | 彼は 22 時に家に帰ってきました。 |
| **Je suis déjà allé(e) en France.** | 私はすでにフランスに行ったことがある。 |
| **Elle n'est pas encore venue chez moi.** | 彼女は私の家にはまだ来たことがありません。 |
| **Ils sont morts il y a quinze ans.** | 彼らは 15 年前に亡くなりました。 |
| **Elles sont nées l'année dernière.** | 彼女たちは昨年生まれました。 |
| **Vous vous êtes levé(e) à quelle heure ce matin ?** | あなたは今朝、何時に起きましたか？ |
| **– Je me suis levé(e) à six heures.** | – 6 時に起きました。 |

**1** 例にならって複合過去形にしてください。　🎧258

je vais　　　　　　　　**→ je suis allé(e)**

(À vous !)

| | |
|---|---|
| j'arrive | **→ je suis arrivé(e)** |
| elle part | **→ elle est partie** |
| il vient | **→ il est venu** |
| je me lève | **→ je me suis levé(e)** |
| Vous vous levez | **→ vous vous êtes levé(e)** |

> 移動や、「生まれる」「死ぬ」など状態の変化に関わる動詞の多くは être と組み合わせます。

**2** 例にならって複合過去形にしてください。　🎧259

je ne vais pas　　　　　**→ je ne suis pas allé(e)**

(À vous !)

| | |
|---|---|
| je n'arrive pas | **→ je ne suis pas arrivé(e)** |
| elle ne part pas | **→ elle n'est pas partie** |
| il ne vient pas | **→ il n'est pas venu** |
| je ne me lève pas | **→ je ne me suis pas levé(e)** |
| vous ne vous levez pas | **→ vous ne vous êtes pas levé(e)** |

**3** 例にならって質問に答えてください。 🎧260

Il est parti pour Lille quand ?                     彼はいつリルに発ちましたか？

*il y a trois jours*    → **Il est parti pour Lille *il y a trois jours*.** （3日前）

( À vous ! )

Ils sont venus chez toi quand ?

*hier*    → **Ils sont venus chez moi *hier*.**

Nicolas, tu es né quand ?

*le 30 mars 2000*    → **Je suis né *le 30 mars 2000*.**

Son père est mort quand ?

*il y a deux mois*    → **Il est mort *il y a deux mois*.**


**4** 例にならって質問に non で答えてください。 🎧261

Il est déjà parti pour Lille ?                     彼はすでにリルに発ちましたか？

→ **Non, il n'est pas encore parti pour Lille.**    いいえ、まだです。

( À vous ! )

Madame, vous êtes déjà allée à Nice ?

→ **Non, je ne suis pas encore allée à Nice.**

Elles sont déjà venues chez toi ?

→ **Non, elles ne sont pas encore venues chez moi.**

Marie, tu es déjà partie au ski ?

→ **Non, je ne suis pas encore partie au ski.**


**5** 例にならって質問に答えてください。 🎧262

Vous vous êtes levé(e) à quelle heure ?                     あなたは何時に起きましたか？

*à 5h*    → **Je me suis levé(e) *à cinq heures*.**    5時に起きました。

( À vous ! )

Vous vous êtes levé(e) à quelle heure ?

*à 6h30*    → **Je me suis levé(e) *à six heures et demie*.**

*à 7h15*    → **Je me suis levé(e) *à sept heures et quart*.**

*à 7h45*    → **Je me suis levé(e) *à huit heures moins le quart*.**

# 発音練習のまとめ

## L'appartement d'Éric est près d'Amiens.

最後の課で、発音のまとめをしましょう。以下の点は大丈夫ですか？

&#9733;個々の音が正確に発音できていますか？

&#9733;母音省略、アンシェヌマン、リエゾンは適切ですか？

&#9733;イントネーションは適切ですか？ 下から静かに上がり、最後は降りる。

否定文は pas に向かって静かに上がり、降りる。

では、1つ1つバラバラ聞こえてくる単語を、文として適切に発音してください。
長い文はどこで切ったらよいかを考えながら発音しましょう。 🎧263

On / invite / nos / amis　　　　　　　**→ On invite nos amis.**

我々の友人たちを招待する。

(À vous !)

1. Je / adore / la / Espagne　　　　　**→ J'adore l'Espagne.**

私はスペインが大好きです。

2. Il / ne / aime / pas / le / opéra　　**→ Il n'aime pas l'opéra.**

彼はオペラが好きではありません。

3. Je / ne / ai / pas / de / argent　　**→ Je n'ai pas d'argent.**

私はお金がありません。

4. Elle / ne / arrête / pas / de / éternuer　**→ Elle n'arrête pas | d'éternuer.**

彼女はくしゃみが止まりません。

5. Je / appelle / la / infirmière / à / le / hôpital.

**→ J'appelle l'infirmière | à l'hôpital.**

私は病院で看護師を呼びます。

6. Je / habite / à / le / hôtel / de / Albi.　**→ J'habite | à l'hôtel d'Albi.**

私はアルビのホテルに住んでいます。

7. Il / ne / y / a / pas / de / âge / pour / le / amour

**→ Il n'y a pas d'âge | pour l'amour.**

恋をするのに年齢はありません。

8. Le / appartement / de / Éric / est / près / de / Amiens

120

→ **L'appartement d'Éric | est près d'Amiens.**

エリックのマンションはアミアンの近くです。

9. Ils / arrivent / deux / heures / en / avance / à / le / aéroport

→ **Ils arrivent | deux heures en avance | à l'aéroport.**

彼らは空港に2時間前に着きます。

10. Elle / est / rentrée / à / Paris / à / six / heures

→ **Elle est rentrée | à Paris | à six heures.**

彼女はパリに6時に帰って来た。

　区切り線の手前で少し声をあげ、調子を整えましょう。この区切りがしっかり認識できると、長くてもわかりやすいフランス語になります。この区切りのことを**リズムグループ**と呼びます。

---

### ━ アクセント記号一覧 ━

　アクセント記号のまとめです。フランス語のアクセント記号は、文字の一部です。強く読むという記号ではありません。音に関係するものもありますが、昔の綴り字の名残だったり、同じ綴り字の短い単語同士を区別するためについている場合もあります。

**1. アクサン・テギュ（accent aigu）**

é ：eの上のみにつき、狭いエ [e] の音を表す。**un étudiant　du café**

**2. アクサン・グラーヴ(accent grave)**

è ：eの上につくときは広いエ [ɛ] の音を表す。**mon père　ma mère**

à, ù ：音の変化はなく、単語を区別するため。

　**Il va à Tokyo.** (Il a 20 ans.)　**Il habite où ?**

**3. アクサンシル・コンフレックス（accent circonflexe）**

ê ：eの上につくときは広いエ [ɛ] の音を表す。**des crêpes**

â, î, ô û：音の変化は現代ではほぼなし。

　**un mât** マスト　**une île** 島　**un hôpital　août**

**4. トレマ（tréma ）**

ë, ï, ü：複母音字の連結を切り、その文字だけで発音したいときに用いる。

　**Noël** クリスマス　**une héroïne　Emmaüs** エマオ（地名）

**5. セディーユ（cédille）**

ç ：c＋a, c＋o, c＋u を [ka] [ko] [ky] ではなく [sa] [ko] [sy] で読むときに用いる。**Ça va ?　un garçon**

## Bon courage et bonne continuation !

Chère Lectrice, Cher Lecteur,

Nous vous remercions beaucoup de l'intérêt que vous portez à cet ouvrage. Nous espérons sincèrement qu'il vous sera utile dans votre apprentissage de la langue française pour, dans le futur, vous aider à communiquer avec des francophones. Et surtout, n'oubliez pas que la régularité est la clé de l'apprentissage !

Janina, Jean-Noël et Yuki

皆さん、お疲れさまでした。音声との格闘はいかがでしたか？山のような練習問題で口と耳を鍛えていただけたことと思います。言葉は、毎日声に出してこそ、上達します。これからもがんばってください。この初級編を終えられたら、中級編で皆さんをお待ちしています。

著者一同

## Remerciements

Tous nos remerciements les plus sincères à tous ceux qui nous ont aidés, tout particulièrement à la maison Hakusuisha, et à notre excellente éditrice, Madame Kasumi Kanke, sans qui nous n'aurions pas pu rééditer notre premier livre.

Nous tenons à remercier Madame Malvina Lecomte et Monsieur Fabien Cherbonnet pour leur enregistrement plein de dynamisme, et Monsieur Ludovic Helme qui nous a, non seulement autorisé à réutiliser ses anciens dessins, mais a dessiné de nouveaux dessins très efficaces. Nous voudrions dédier cet ouvrage à la mémoire de notre ami Jean-Henri Lamare qui nous a autorisé, lui aussi, à réutiliser ses jolis dessins juste avant de partir. Très cher Jean, personne n'oubliera ton énorme contribution à l'histoire des manuels de français au Japon.

著者略歴

高岡優希（たかおか ゆき）
大阪大学言語文化研究科博士課程修了（言語文化学博士）。大阪大学、
大阪教育大学非常勤講師。アンスティチュ・フランセ関西 - 大阪、NHK
文化センター講師。著書に『はじめての声に出すフランス語』『声に出
すフランス語 即答練習ドリル 中級編』（ともに共著、白水社）。

ジャン゠ノエル・ポレ（Jean-Noël POLET）
大阪大学外国語学部特任准教授。アンスティチュ・フランセ関西 - 大阪
講師。著書に『はじめての声に出すフランス語』『声に出すフランス語
即答練習ドリル 中級編』（ともに共著、白水社）。

富本ジャニナ（Janina TOMIMOTO）
FLE（フランス語教員資格）取得。日本文学の翻訳家。関西学院大学お
よび海星女子学院大学非常勤講師。元大阪大学外国語学部特任准教授。
著書に『はじめての声に出すフランス語』『声に出すフランス語 即答練
習ドリル 中級編』（ともに共著、白水社）。訳書に *Josée, le tigre et les
poissons*（Les Éditions d'Est en Ouest / 田辺聖子『ジョゼと虎と魚たち』
のフランス語訳）。

---

声に出すフランス語 即答練習ドリル　初級編

2022 年 8 月 1 日　印刷
2022 年 8 月 30 日　　発行

　　　　　　　高　岡　優　希
著　者 © ジャン゠ノエル・ポレ
　　　　　　　富　本　ジャニナ
発行者　及　川　直　志
印刷所　開成印刷株式会社

〒101-0052 東京都千代田区神田小川町 3 の 24
発行所　　電話 03-3291-7811（営業部），7821（編集部）　株式会社白水社
www.hakusuisha.co.jp
乱丁・落丁本は送料小社負担にてお取り替えいたします。

振替　00190–5–33228　　　Printed in Japan　　　　加瀬製本

ISBN978–4–560–08947–7

### この本で学べば、必ずできるようになります

# はじめての
# 声に出すフランス語

高岡優希／ジャン=ノエル・ポレ／富本ジャニナ［著］

語学の独習は最初が肝心！ 大きな文字とわかりやすい表記法．CD を聞きながら，ゆっくりと繰り返せば，必ずできるようになります．

A 5 判　108 頁【CD付】

### 耳と口を鍛えて、ほんとうの中級者になろう！

# 声に出すフランス語
# 即答練習ドリル中級編

高岡優希／ジャン=ノエル・ポレ／富本ジャニナ［著］

何度も繰り返すことが会話力アップの秘訣．CD を聞き，ポーズの間に答えて，すぐあとに流れる正解を確認．のんびり考えていてはダメ．即答練習こそが一番の近道です！　　A 5 判　112 頁【CD2枚付】

### 〈ことばと表現の引き出し〉を準備しよう

# フランス語で話す
# 自分のこと日本のこと

田中幸子／川合ジョルジェット［著］

それぞれのセンテンスは短くてOK．大切なのは，センテンスをつなぐテクニック，説明を組み立てる力，ほんの少しの勇気です．　　　　A5判　164 頁【CD付】